우리고전 100선 08

도산에 사는 즐거움―이황 선집

우리고전 100선 08

도산에 사는 즐거움—이황 선집

2008년 1월 21일 초판 1쇄 발행
2018년 10월 30일 초판 4쇄 발행

편역	김대중
기획	박희병
펴낸이	한철희
펴낸곳	돌베개
책임편집	이경아 이혜승
편집	김희동 윤미향 김희진 서민경 이상술
디자인	박정은 박정영 이은정
디자인기획	민진기디자인
표지그림	전갑배(일러스트레이터, 서울시립대학교 시각디자인대학원 교수)
등록	1979년 8월 25일 제406-2003-000018호
주소	(10881) 경기도 파주시 회동길 77-20 (문발동)
전화	(031) 955-5020
팩스	(031) 955-5050
홈페이지	www.dolbegae.co.kr
전자우편	book@dolbegae.co.kr

ⓒ김대중, 2008

ISBN 978-89-7199-298-2 04810
ISBN 978-89-7199-250-0 (세트)

이 책에 실린 글의 무단 전재와 복제를 금합니다.
책값은 뒤표지에 있습니다.
이 도서의 국립중앙도서관 출판시도서목록(CIP)은
e-CIP 홈페이지(http://www.nl.go.kr/cip.php)에서
이용하실 수 있습니다. (CIP제어번호:CIP2008000082)

우리고전 100선 08

도산에 사는 즐거움
―
이황 선집

김대중 편역

돌베개

간행사

　지금 세계화의 파도가 높다. 현재 진행되고 있는 세계화는 비단 '자본'의 문제이기만 한 것이 아니라, '문화'와 '정신'의 문제이기도 하다. 그 점에서, 세계화에 어떻게 대응할 것인가 하는 것은 우리의 생존이 걸린 사활적(死活的) 문제인 것이다. 이 총서는 이런 위기의식에서 기획되었으니, 세계화에 대한 문화적 방면에서의 주체적 대응이랄 수 있다.

　생태학적으로 생물다양성의 옹호가 정당한 것처럼, 문화다양성의 옹호 역시 정당한 것이며 존중되지 않으면 안 된다. 그럼에도 세계화의 추세 속에서 문화다양성은 점점 벼랑 끝으로 내몰리고 있는 것처럼 보인다. 하지만 문화적 다양성 없이 우리가 온전하고 행복한 삶을 살 수 있겠는가. 동아시아인, 그리고 한국인으로서의 문화적 정체성은 인권(人權), 즉 인간권리의 문제이기도 하기 때문이다. 그래서 우리 고전에 대한 새로운 조명과 관심의 확대가 절실히 요망된다.

　우리 고전이란 무엇을 말함인가. 그것은 비단 문학만이 아니라, 역사와 철학, 예술과 사상을 두루 망라한다. 그러므로 일반적으로 알려져 있는 것보다 훨씬 광대하고, 포괄적이며, 문제적이다.

　하지만, 고전이란 건 따분하고 재미없지 않은가? 이런 생각의 상당 부분은 편견일 수 있다. 그리고 이런 편견의 형성에는 고전을 연구하는 사람들에게 큰 책임이 있다. 시대적 요구에 귀 기울이지 않은 채 딱딱하고 난삽한 고전 텍스트를 재생산해 왔으니까. 이런

점을 자성하면서 이 총서는 다음의 두 가지 점에 특히 유의하고자 한다. 하나는, 권위주의적이고 고지식한 고전의 이미지를 탈피하는 것. 둘은, 시대적 요구를 고려한다는 그럴듯한 명분을 내세워 상업주의에 영합한 값싼 엉터리 고전책을 만들지 않도록 하는 것. 요컨대, 세계 시민의 일원인 21세기 한국인이 부담감 없이 '쉽게' 접근할 수 있는, 그러면서도 품격과 아름다움과 깊이를 갖춘 우리 고전을 만드는 게 이 총서가 추구하는 기본 방향이다. 이를 위해 이 총서는, 내용적으로든 형식적으로든, 기존의 어떤 책들과도 구별되는 여러 가지 모색을 시도하고 있다. 그리하여 고등학생 이상이면 읽고 이해할 수 있도록 번역에 각별히 신경을 쓰고, 작품에 간단한 해설을 붙이기도 하는 등, 독자의 이해를 돕고자 하였다.

특히 이 총서는 좋은 선집(選集)을 만드는 데 큰 힘을 쏟고자 한다. 고전의 현대화는 결국 빼어난 선집을 엮는 일이 관건이자 종착점이기 때문이다. 이 총서는 지난 20세기에 마련된 한국 고전의 레퍼토리를 답습하지 않고, 21세기적 전망에서 한국의 고전을 새롭게 재구축하는 작업을 시도할 것이다. 실로 많은 난관이 예상된다. 하지만 최선을 다해 앞으로 나아가고자 한다. 그리하여 비록 좀 느리더라도 최소한의 품격과 질적 수준을 '끝까지' 유지하고자 한다. 편달과 성원을 기대한다.

박희병

책 머리에

이 책은 퇴계 이황(1501~1570)의 시와 산문을 뽑아 엮은 것이다. 퇴계는 조선 시대의 대표적인 학자로 칭송된다. 또한 그의 사상은 일본에도 적지 않은 영향을 끼친 것으로 알려져 있다. 이렇듯 퇴계는 조선 시대 학술사뿐만 아니라 동아시아 학술사에서 뚜렷한 위치를 점한 분이다.

하지만 퇴계라고 하면, 막연하게 조선 시대의 유명한 학자라거나 천 원권 화폐에 그 초상이 들어가 있다는 것 외에 더 자세히 아는 분이 많지 않을 듯하다. 퇴계의 명성에 비해, 정작 그의 글을 직접 대면할 기회는 부족했던 것이다. 독자 여러분이 퇴계의 글을 읽어 가면서 퇴계와 직접 대화를 나눌 수 있도록 도움을 주는 것이 이 책의 목적이다.

퇴계는 학자이자 교육자이자 시인이다. 이 책은 퇴계의 이런 다양한 면모를 되도록이면 빠짐없이 담고자 했다. 퇴계는 주로 학자로 알려져 있지만, 시인으로서도 대단히 뛰어나다. 이 점에 유의하여, 이 책은 시인으로서 퇴계의 모습을 먼저 소개한다.

퇴계는 화초를 가꾸거나 산수에 노닐면서 보고 느낀 것을 시로 읊었고, 일상에서의 감회를 시로 노래했으며, 정신적인 깨달음이나 공부와 관련된 내용을 시로 표현했다.

또한 퇴계는 평생 공부에 힘쓴 사람으로서, 당대의 학자들 및 자신의 제자들과 끊임없이 편지를 주고받으면서 학문적인 토론을 하거나 자신의 심경을 토로했다. 이 책은 이런 편지글 가운데 공부, 독서, 마음의 수양 등에 대한 내용을 가려 뽑았다. 퇴계는 자기보다 한참 어린 제자에게도 존댓말을 썼다고 한다. 그만큼 퇴계는 후학들에게도 겸손한 태도를 잃지 않았는데, 이들 편지글을 통해 그의 이런 면모를 확인할 수 있으리라 생각한다.

한편, 퇴계는 연구하고 제자를 가르치는 틈틈이 산수를 유람하면서 정서를 함양했다. 산수 유람과 관련된 퇴계의 글에는 자연을 대하는 퇴계의 깊은 마음이 잘 드러나 있다.

아무쪼록 이 책이, 500년의 시차를 뛰어넘어 퇴계라는 한 위대한 인물의 이런저런 면모와 내면세계를 이해하는 데 조금이나마 도움이 되기를 바란다.

2008년 1월
김대중

차례

004 간행사
006 책머리에

181 해설
204 이황 연보
208 작품 원제
212 찾아보기

자연을 벗 삼아

- 019 　꽃구경
- 020 　금강산
- 021 　산수 사이를 거닐며
- 022 　복사꽃 아래에서
- 023 　맑은 연꽃 향기
- 024 　비바람 부는 밤
- 025 　시내에 비친 조각달
- 026 　대나무를 옮겨 심고
- 028 　눈 속의 대나무
- 030 　대나무 숲 맑은 바람
- 031 　대나무 그림에 부쳐
- 034 　소나무를 심으며
- 035 　우리도 이 소나무처럼

매화와 함께 한 나날

- 039 　매화를 찾아가니
- 040 　뜰 앞의 매화
- 041 　매화가지 꺾어 두고
- 042 　거꾸로 핀 매화
- 043 　매화 소식을 듣고
- 044 　매화에게 말하다
- 045 　매화가 대답하다
- 046 　달밤의 매화

나의 일상, 나의 시

詩

- 049　한가한 봄날에
- 051　봄날
- 053　이화정에서 비를 대하며
- 054　불쌍한 겨울 나그네
- 055　봄날 냇가에 나가
- 057　손님이 찾아와
- 058　문경새재를 넘으며
- 059　비 개자 흥이 나서
- 060　저물녘 거닐며
- 062　메내에서
- 063　세상맛 각별해지니
- 064　큰바람
- 065　초야의 즐거움 1
- 066　초야의 즐거움 2
- 067　초야의 즐거움 3
- 069　청음석
- 070　도산12곡

詩

마음을 가라앉히고 세상을 보니

- 085 연못 1
- 086 연못 2
- 087 백로
- 088 장회 여울
- 089 꽃이 화려한들
- 090 마음을 비우고
- 091 사물을 보다
- 092 한가로운 삶
- 093 독서
- 094 『화담집』 뒤에 적다
- 095 자탄
- 096 달을 보며
- 097 너럭바위

참된 나에 이르는 길

- 101   자만심에 대한 경계
- 103   자기 잘못을 고치는 용기
- 104   지나친 자책
- 106   지나침의 병폐
- 107   일상생활 속에 진리가 있다 1
- 110   일상생활 속에 진리가 있다 2
- 111   일상생활 속에 진리가 있다 3
- 113   휴식의 중요성
- 116   남을 평가할 때는
- 118   한 수를 잘못 두면
- 120   명성을 훔친다는 것

어떻게 공부할 것인가

- 125 배움을 권함
- 127 먼저 폭넓게 배우고
- 128 진리를 탐구하는 방법
- 130 독서의 방법
- 134 공평한 마음가짐
- 135 글을 읽을 때에는
- 136 조급한 마음의 병통 1
- 138 조급한 마음의 병통 2
- 139 조급한 마음의 병통 3
- 141 초지일관의 자세
- 144 엄격하면서도 너그럽게
- 145 푹 익어야 맛이 있다
- 146 체험의 중요성
- 147 학문을 하려는 젊은이에게
- 150 남의 의견을 수용하는 자세

산수 유람의 즐거움

- 155 도산에 사는 즐거움
- 162 청량산에 관한 글을 읽고
- 164 소백산에 다녀와서
- 171 단양의 산수

이황 선집 ― 도산에 사는 즐거움

자연을 벗 삼아

詩

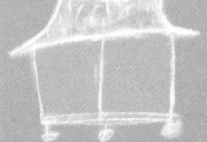

꽃구경

한 번 꽃이 피자 한 번 새로우니
하늘이 내 가난 위로해 주네.
조화옹이 무심코 얼굴 비치자
천지가 말없이 절로 봄을 머금었네.
시름 풀려 술 찾으니 새가 와서 권하고
흥이 나서 시 쓰니 붓에 신이 들린 듯.
이내 손에 선택이 달려 있나니
벌 나비 분분해도 내버려 두네.

一番花發一番新, 次第天將慰我貧. 造化無心還露面, 乾坤不語自含春. 澆愁喚酒禽相勸, 得意題詩筆有神. 詮擇事權都在手, 任他蜂蝶謾紛繽.

1561년 61세 때 지은 시이다. 자연이 주는 위안과 기쁨을 노래했다. 이 당시 퇴계는 도산서당에서 제자를 가르치고 학문에 힘쓰는 한편, 틈틈이 화초를 가꾸며 산수에 노닐었다. 이 시에는 이런 한적한 생활의 정취가 물씬 풍긴다.

금강산

동해에 큰 산이 있으니
웅장하게 하늘 높이 솟아났다네.
해와 달이 번갈아 가리우니
신선들이 동굴에 분분하겠지.
나도 가 보고야 싶지만
속세의 벼슬에 얽매였다오.
단약(丹藥)을 못 지어 한스럽구나
날아가서 숙원을 풀지 못하니.

―

巨嶽臨東溟, 雄雄半天出. 日月互蔽虧, 靈仙紛宅窟. 我欲往問之, 塵纓甚拘鬱.
恨無丹竈方, 飛去宿願畢.

1542년 음력 9월 42세 때 지은 시이다. 이 당시 퇴계는 금강산과 강릉 경포대에 꼭 가 보고 싶어 했지만, 강원도 영서(嶺西) 지역의 흉작 상황을 조사해야 했기 때문에 그럴 수 없었다. 그래서 아쉬움을 달래기 위해 그 모습을 상상해서 지은 것이 바로 이 작품이다. 6행에서 벼슬에 얽매였다고 한 것과 마지막 행에서 숙원을 풀지 못했다고 한 것은 모두 이런 사정과 연관된다. 퇴계는 결국 평생토록 이 두 곳에 가지 못했다.

산수 사이를 거닐며

아침에는 맑은 시내 소리를 듣고
저물녘엔 푸른 산의 그림자 보네.
아침에 갔다가 저물녘에 돌아오니
산은 푸른 병풍이요 물은 맑은 거울.
산에선 구름에 깃들인 학이 되고 싶고
물에선 물결에 노니는 갈매기가 되고 싶네.
벼슬이 내 일을 그르친 줄 모르고
단구(丹丘)에서 노닌다고 굳이 여기네.

朝行俯聽淸溪響, 暮歸遠望靑山影. 朝行暮歸山水中, 山如蒼屛水明鏡. 在山願爲棲雲鶴, 在水願爲游波鷗. 不知符竹誤我事, 强顔自謂遊丹丘.

퇴계는 1548년 48세 때 단양군수(丹陽郡守)가 되었는데, 이 작품은 이 무렵에 창작된 것으로 보인다. 마지막 두 행에서 '벼슬'은 자신이 단양군수로 부임한 것을 말하고 '단구'는 단양의 옛이름이다. 벼슬이 내 일을 그르쳤다는 것은 은둔 생활을 하면서 학문에 힘쓰고 싶었는데 벼슬살이 때문에 그러지 못하게 되었다는 뜻이다. 5행과 6행에는 자연 속에서 자연과 더불어 하나가 되고 싶은 마음이 진솔하게 드러나 있다.

복사꽃 아래에서

꽃 심던 병든 객이 십 년 만에 돌아오니
늙은 나무 사람 맞아 꽃을 한껏 피웠네.
꽃에게 물으련들 꽃은 아니 말하니
기쁜 일 슬픈 일 술잔에 맡길밖에.

늦은 비 부슬부슬 새 울음 슬픈데
온갖 꽃 말없이 가지에서 지누나.
어느 누가 봄 원망을 피리로 부나
하늘가 고운 풀에 가이없는 그리움.

―

栽花病客十年回, 樹老迎人盡意開. 我欲問花花不語, 悲歡萬事付春杯.
晚雨廉纖鳥韻悲, 千花無語浪辭枝. 何人一笛吹春怨? 芳草天涯無限思.

1554년 54세 때 지은 작품이다. 퇴계는 44세 때 서울에 올라왔다가 46세 때 휴가를 받아 고향으로 내려갔고, 52세 때 다시 서울로 올라와서 관직 생활을 했다. 첫 행에서 병든 객이 십 년 만에 돌아왔다고 말한 것은 이런 사정과 연관된다.

맑은 연꽃 향기

항주(杭州)는 십 리가 연꽃이라 하던데
비단구름 이곳은 도리어 어떠한가.
뜻밖에 비바람이 하늘 가득 몰려오니
푸른 일산 펄렁이고 붉은 꽃 뒤집히네.
수많은 구슬이 순식간에 흩어지고
천 개의 손가락이 어지러이 쟁(箏)을 타네.
이윽고 비 걷히자 그루마다 곧게 서니
멀면 멀수록 향기 더욱 맑다네.

―

聞道杭州十里荷, 錦雲此地還如何? 無端風雨滿空至, 翠蓋歷亂飜紅葩. 萬斛明珠瞥眼撒, 千指哀箏鬧手撾. 須臾雨卷定千植, 淸遠更覺天香多.

'항주'는 중국 절강성(浙江省)의 고을로 예부터 풍경이 빼어나기로 유명하다. '이곳'은 '기정'(岐亭) 주변을 말한다. '기정'은 경상북도 상주 공검지(公儉池)에 있던 정자로, 퇴계는 1561년 여름 61세 때 이 일대를 유람했다. '비단구름'은 연꽃이 쭉 피어 있는 것을 말한다. '푸른 일산'은 잎을 비유하고 '구슬'은 빗방울을 비유한다. 천 개의 손가락 운운한 것은 비가 후두둑 떨어지자 연꽃이 마구 흔들리면서 소리를 내는 광경을 묘사한 것이다.

비바람 부는 밤

산 뒤에 봄 깊건만 꽃이 아니 뵈던데
산 앞에 노을처럼 무르익었을 줄이야.
한밤중 비바람은 너무나 무정하지
천 송이 붉은 꽃이 줄어들까 걱정이네.

한 달 남짓 진눈깨비에 추위 엉기더니만
꽃이 겨우 피었네 늦봄 초순에.
살아 있음 모두가 하늘의 뜻일 텐데
비바람은 어쩌자고 너를 괴롭히는지.

―

山後春深不見花, 山前誰道爛如霞? 夜窓風雨無情甚, 直怕千紅減卻些.
雪沍寒凝幾月餘, 芳華纔發暮春初. 只應生物皆天意, 風雨如何更暴渠?

꽃을 발견하고 반갑던 마음도 잠시, 비바람에 꽃이 질까 걱정이다. 모든 게 하늘의 뜻이라고 생각해 보지만, 그래도 마음은 초연해지지 못하고 전전긍긍할 뿐이다.

시내에 비친 조각달

취하여 말 타고 돌아오니
조각달이 시내를 밝게 비추네.
빙빙 둘러 시내 속의 달을 건너니
시냇달이 날 따라와 굽이굽이 맑네.

달밤에 돌아가니 서리 가득한데
옷에는 국화 향기 남아 있구나.
이 속에 마음을 일깨우는 곳 있으니
졸졸졸 물소리 태고의 거문고일세.

帶醉歸來信馬行, 一鉤新月照溪明. 縈回屢渡溪中月, 溪月相隨曲曲淸.
踏月歸時霜滿天, 衣巾餘馥菊花筵. 箇中別有醒心處, 水樂鏘鏘太古絃.

1557년 57세 때 조카 이빙(李憑, 1520~1591)의 집에서 국화를 감상하고 돌아와서 지은 시이다. 국화 향기가 남아 있다고 한 것은 이 때문이다. 첫 번째 시의 마지막 행은 퇴계가 시내를 건너는데 가는 걸음걸음 초승달이 물 속에 비친 것을 표현했다. 두 번째 시의 3행과 4행은 밤에도 쉬지 않고 흘러가는 시냇물에서 얻은 깨달음을 말했다. 그 깨달음이란 학문의 자세나 마음의 이치에 대한 것일 터이다.

대나무를 옮겨 심고

어린 대 두세 포기
옮겨 심었더니만
기쁘게도 새싹이 돋아났으니
쭉쭉 자라는 데 문제 없겠지.
나무는 숨은 사람 만났고
사람은 밝은 시절 사누나.
조그만 동산에서
행복하게 서로 정을 나누네.

어린 대를 뜨락에 심었더니만
우리 집 창문이 맑고 또 그윽하네.
긴긴 여름 동안 쑥쑥 자랐으니
맑은 가을엔 늠름하리라.
집에선 이 친구랑 마주하고
밖에선 냇물에 입을 헹구네.
맑고 깨끗한 건 많아도 싫지 않아
만나는 경치마다 맘껏 즐기네.

一

穉竹兩三叢, 移來見其生. 且喜新萌抽, 何妨逸鞭行? 物遇人之幽, 人荷時之明. 山園一畝內, 幸矣相娛情.

穉竹種前庭, 我窓淸且幽. 猗猗見長夏, 凜凜期高秋. 入而對此君, 出而漱溪流. 淸寒不厭多, 遇境恣所收.

8편 연작시의 일부이다. 나무를 옮겨 심어 놓으면, 잘 자라는지 자꾸 마음이 가게 마련이다. 첫 번째 시에서는 어린 대나무가 앞으로 잘 자라기를 바라는 마음, 자연과의 관계 속에서 얻은 소박한 행복이 나타나 있다. 두 번째 시에서 '이 친구'는 대나무를 가리킨다.

눈 속의 대나무

사흘 동안 한양에 눈이 내려서
찾아오는 사람 발길 뚝 끊겼지.
얼마나 쌓였나 병석에서 물으니
싸늘한 이불이 쇠붙이 같네.
마루 앞 푸른 대는 내가 가장 아끼는 것
밤마다 옥을 끄는 소리 울리지.
큰일났다며 아이들이 끌고 가기에
지팡이 짚고 가 보니 탄식만 나오네.
나무 끝이 눈에 묻혀 보이질 않고
가지마다 꾹꾹 눌려 꺾이려 하네.
참으로 기특하네 한두 줄기가
천 길 높이 솟아올라 꼿꼿함을 보여 주니.
텅 빈 속 얼어 터질까 근심되진 않지만
땅 갈라져 뿌리까지 나오면 어떻게 하나.
밝은 태양이 머리 위에 있으니
봉황새 먹이가 없을 수 있나.

一

漢陽城中三日雪, 門巷來人遽隔絶. 病臥無心問幾尺, 唯覺衾裯冷如鐵. 幽軒綠竹我所愛, 夜夜風鳴如戛玉. 兒童驚報導我出, 攜杖來看久嘆息. 梢梢埋沒太無端, 枝枝壓重皆欲折. 最憐中有一兩竿, 高拔千尋猶抗節. 不愁虛心受凍破, 無奈老根迸地裂? 杲杲太陽頭上臨, 不應彩鳳終無食.

눈 속에 꼿꼿하게 서 있는 대나무를 보고 그 감회를 읊은 시다. 시인이 병든 처지여서 감회가 더더욱 각별했을 것이다. '봉황새 먹이'는 '대나무 열매'를 말한다. 봉황새는 반드시 대나무 열매만 먹는다고 한다. 마지막 두 행은 이제 해가 떠서 눈이 녹을 테니, 대나무도 얼어 죽지 않을 것이라는 뜻이다.

대나무 숲 맑은 바람

푸른 대 삼삼하게 솟아나니
유월의 창문에 눈 뿌린 듯 차갑네
구멍에서 울리는 음악 아닌데
온 숲의 맑은 소리 절로 단란하네.

森森齊挺翠琅玕, 六月窓扉灑雪寒. 不是調刁生衆竅, 滿林淸吹自團欒.

대나무에 바람이 스치면서 나는 소리를 읊었다. 시인에게 이 소리는 인위적인 음악이 아니라 자연의 음악이다. 1행과 2행은 초여름 대나무의 맑고 시원한 느낌을 말했다.

대나무 그림에 부쳐

바람을 마주한 대

바람이 약하면 빙그레 웃고
바람이 거세면 불평스레 우네.
훌륭한 음악가를 아직 못 만나
성대한 소리를 부질없이 머금었네.

─

風微成莞笑, 風緊不平鳴. 未遇伶倫朵, 空含大樂聲.

이슬 맺힌 대

새벽에 일어나 기다란 대를 보니
서늘한 이슬방울 함초롬하네.
맑은 운치에 온 숲이 비고
바람이 흐르자 나뭇가지 흔들흔들.

晨興看脩竹, 涼露浩如瀉. 清致一林虛, 風流眾枝亞.

말라 죽은 대

가지와 잎은 반쯤 말랐지마는
기운과 절개는 죽지 않았네.
부잣집 자제들께 고하노니
초췌한 선비라고 깔보지 마소.

枝葉半成枯, 氣節全不死. 寄語膏粱兒, 無輕憔悴士.

꺾인 대

강직한 게 어쩌다 꺾였을 테지
곧은 마음 부숴진 건 아니고말고.
흔들리지 아니하고 늠름하게 서 있어

나약한 사람을 격려해 주네.

—

強項誤遭挫, 貞心非所破. 凜然立不撓, 猶堪激頹懦.

그림 속의 대나무를 읊은 10편 연작시의 일부이다. 첫 번째 시는 바람에 따른 소리의 변화를 읊었다. 그림 속의 모습을 청각화한 것에 묘미가 있다. 두 번째 시는 청초한 느낌을 준다. 세 번째 시는 반쯤은 말라 죽었고 반쯤은 살아 있는 대나무의 모습을 읊었다. 역경에 굴하지 않는 인간의 모습이 여기에 투영되어 있다. 네 번째 시는 꺾였으면서도 늠름하게 버티고 있는 모습을 그렸다.

소나무를 심으며

나무꾼은 쑥대처럼 천시하지만
산옹(山翁)은 계수나무처럼 사랑하누나.
푸른 하늘까지 우뚝 솟아오르려면
풍상(風霜)을 몇 번이나 겪어야 할지.

―

樵夫賤如蓬, 山翁惜如桂. 待得昂青霄, 風霜幾淩厲?

'산옹'은 산에 사는 늙은이라는 뜻으로 시인 자신을 가리킨다. '계수나무'는 은자(隱者)의 나무이다. '풍상'은 '바람과 서리'라는 뜻으로 시련을 상징한다.

우리도 이 소나무처럼

천년토록 늙지 않은 바위 위 소나무는
솟구쳐 오르는 용의 기세로구나.
깎아지른 절벽서 자라나
하늘을 건드리고 봉우리를 눌렀지.
화려함이 본성 해치길 원치 않나니
예쁘장한 복사꽃을 기꺼이 따를소냐.
깊숙한 뿌리에 신령한 힘 길러서
추운 겨울 끝끝내 견디어 내네.

石上千年不老松, 蒼鱗䰯䰯勢騰龍. 生當絶壑臨無底, 氣拂層霄壓峻峯. 不願靑紅戕本性, 肯隨桃李媚芳容? 深根養得龜蛇骨, 霜雪終敎貫大冬.

소나무의 고고한 기상을 노래했다. 소나무는 꽃을 피우지 않으므로 화려한 맛은 없다. 하지만 잠깐 피었다 지는 꽃과 달리 소나무는 늘 푸르다. 화려함이 본성 해치길 바라지 않는다는 구절은 소나무의 이런 특징을 지적한 말이다. 하늘을 건드리고 산봉우리를 눌렀다는 것은 그만큼 소나무의 기상이 드높다는 뜻이다.

매화와 함께 한 나날

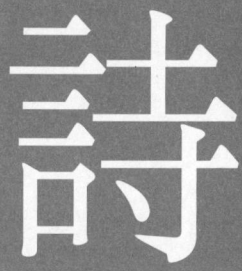

매화를 찾아가니

망호당(望湖堂) 아래의 한 그루 매화야
널 보고자 몇 번이나 말달려 왔나.
천릿길 돌아갈 제 널 버리기 어려워
또 찾아와 흠뻑 취해 곁에 누웠네.

望湖堂下一株梅, 幾度尋春走馬來? 千里歸程難汝負, 敲門更作玉山頹.

'망호당'은 한강 주변 독서당(讀書堂)의 부속 건물이다. 조선 시대에는 학문이 뛰어난 관리에게 특별 휴가를 주어 독서당에서 공부에 전념하도록 했다. 퇴계는 1541년에 이런 특별 휴가를 받아 이곳에 머물면서 공부했으며, 그후로도 자주 이곳을 찾아왔다. 1545년에 을사사화(乙巳士禍)를 겪은 뒤 퇴계는 물러날 뜻을 굳히고 1546년 음력 2월 46세 때 고향으로 돌아가게 되는데, 이 시는 이 무렵에 지은 것이다.

뜰 앞의 매화

뜰 앞에 두 그루 매화 있는데
가을 잎이 먼저 많이 시들었구나.
골짜기의 울창한 나무들이
어지러이 자리를 다투는 듯하네.
고고한 모습은 지키기 어려운데
잡초들이 더더욱 기승이구나.
바람과 서리에 모두 떨어지다니
굳센 것 연약한 것 뭐가 다른지.
저 스스로 향기로운 시절 있나니
어찌 남이 알아줄 필요 있으랴.

―

庭前兩株梅, 秋葉多先悴. 谷中彼薈蔚, 亂雜如爭地. 孤標未易保, 衆植增所恣.
風霜一搖落, 貞脆疑無異. 芬芳自有時, 豈必人知貴?

―

우거진 나무, 무성한 잡초, 바람, 서리는 모두 방해 내지 시련을 상징한다. 이 시는 이런 방해와 시련 속에서 매화가 고고한 자태를 지키다가 모두 떨어진 것을 노래했다. 특히 마지막 두 행이 깊은 여운을 남긴다. 매화의 이런 모습은, 남이 알아주건 말건 자기 갈 길을 가는 사람의 모습과 꼭 닮았다.

매화가지 꺾어 두고

매화가 봄을 맞아 찬 기운 좀 띠었기에
꺾어다 마주했네 옥창(玉窓) 사이로.
천산(千山) 밖 벗님이 길이 그리워
향기가 축나는 것 못 견디겠네.

梅萼迎春帶小寒, 折來相對玉窓間. 故人長憶千山外, 不耐天香瘦損看.

아직 싸늘한 초봄이라 꽃을 보기 힘들다. 이때 매화가 피어 봄소식을 알려 주니 얼마나 반가운가. 그래서 하나 꺾어다 가까이 두고 마주 대하노라니 벗의 얼굴도 떠오르고 소식도 궁금해진다. 시간이 갈수록 매화 향은 줄어들고 그리움은 짙어만 간다. '옥창'은 창문을 아름답게 표현한 말이다. '천산'은 '천 겹의 산'이라는 뜻으로 거리가 매우 먼 것을 의미한다.

거꾸로 핀 매화

한 송이만 등져도 시샘 받는데
어쩌자고 대롱대롱 거꾸로들 피었나.
꽃 아래서 보고 있는 덕에
고개 들면 하나하나 꽃술이 보이네.

―

一花纔背尙堪猜, 胡奈垂垂盡倒開? 賴是我從花下看, 昂頭一一見心來.

1567년 67세 때 도산서당의 매화를 찾아간 감회를 읊은 연작시의 일부이다. 퇴계는 친구에게 천엽매(千葉梅)라는 매화를 얻은 적이 있다. 보통 매화는 하늘을 향해 피게 마련인데, 천엽매의 꽃은 땅을 향해 드리워서, 반드시 밑에서 봐야 꽃술이 보인다고 한다. 이 시는 이런 매화의 모습을 노래했다.

매화 소식을 듣고

들자하니 계당(溪堂)의 조그만 매화나무에
설날 전 꽃망울이 가지 가득하다네.
계옹(溪翁)이 갈 때까지 향기를 간직하렴
봄추위에 얼굴 일찍 상하지 말고.

초당 곁에 한매(寒梅)를 손수 심어 놨으니
올해엔 동산 가득 향기 나겠지.
서울서 주인이 아득히 널 생각하니
끝없는 맑은 시름 남몰래 맺히네.

聞說溪堂少梅樹, 臘前菩蕾滿枝間. 留芳可待溪翁去, 莫被春寒早損顔.
手種寒梅護一堂, 今年應發滿園香. 主人京洛遙相憶, 無限淸愁暗結腸.

1569년 음력 1월에 퇴계는 벼슬에서 물러나 고향에 돌아가려 했으나 그러지 못했다. 이 시는 이 무렵 고향의 계상서당(溪上書堂)에 매화가 피었다는 소식을 듣고 그리워하며 지은 연작시이다. '계당'은 '계상서당'을 말하는데, 퇴계는 1551년부터 여기서 살았으며, 1570년에 여기서 임종했다. '계옹'은 '계상서당에 사는 늙은이'라는 뜻으로 퇴계 자신을 가리킨다. '한매'는 겨울에 피는 매화로, 엄동설한에 은은한 향을 내뿜는 것이 일품이다.

매화에게 말하다

매화 신선 고맙소 내 짝이 되어 주니
맑은 객창(客窓)에 꿈 혼이 향기롭소.
그대랑 동쪽으로 함께 못 가 아쉽구려
먼지 속 서울에서 부디 고이 보전하소.

―

頓荷梅仙伴我凉, 客窓蕭灑夢魂香. 東歸恨未携君去, 京洛塵中好艶藏.

서울에 있던 퇴계는 1569년 음력 3월에 고향으로 돌아가게 된다. 그래서 그는 그동안 정들었던 매화와 이별하게 되는데, 이 시는 그 이별의 정을 담았다. '매화 신선'은 곧 매화이다. '객창'은 '객사(客舍)의 창'이란 뜻으로, 퇴계가 아직 객지인 서울에 있기에 한 말이다. 동쪽 운운한 것은 퇴계의 고향인 예안(禮安)으로 가는 뱃길이 동쪽 방향이기 때문이다.

매화가 대답하다

듣자하니 도산(陶山) 신선도 우리처럼 쓸쓸한 분
당신 가길 기다려 향기를 풍기리.
당신이 날 마주하건 그리워하건
옥설(玉雪)과 청진(淸眞) 고이 간직하시길.

聞說陶仙我輩凉, 待公歸去發天香. 願公相對相思處, 玉雪淸眞共善藏.

퇴계가 매화에게 이별의 말을 건넨 앞 시에 이어 매화가 퇴계에게 대답한 내용이다. 서로 말을 주고받는 설정이 다정다감한 느낌을 살려 준다. '도산 신선'은 퇴계이다. '옥설'은 옥과 눈처럼 맑고 깨끗한 모습을 뜻하고, '청진'은 티 없이 맑고 진실한 마음을 뜻하는데, 매화의 자태를 형용하는 말로 흔히 쓰인다. 여기서는 이제 퇴계가 자기와 떨어져 있게 되더라도 이런 모습을 잃지 말라는 당부의 뜻을 담고 있다.

달밤의 매화

뜨락을 거닐 제 달이 사람 쫓아오니
매화 언저리를 몇 번이나 맴돌았나.
밤 깊도록 오래 앉아 일어날 줄 모르니
향기는 옷에 가득 그림자는 몸에 가득.

―

步屧中庭月趁人, 梅邊行遶幾回巡? 夜深坐久渾忘起, 香滿衣巾影滿身.

매화 주위를 계속 맴돈 시인의 마음이 느껴진다. 달밤의 매화 향기와 그림자가 은은한 정취를 더해 주고 있다. 마지막 행은 시인이 매화 곁에 오래 앉아 있다 보니 그렇게 되었다는 말로, 매화와의 내밀한 교감을 은근하게 드러낸다. 향기와 그림자는 형체가 없거나 흐릿한데, 그런 것이 자기도 모르는 사이에 내 옷에 배고 내 몸에 가득해진 것이다. 이렇게 해서 퇴계는 매화와 깊은 일치감을 느끼게 된다.

나의 일상, 나의 시

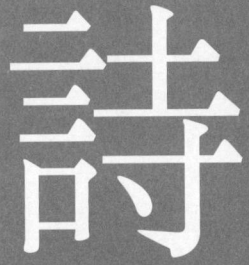

한가한 봄날에

어제 땅에 구름이 드리우더만
오늘 아침 비가 땅을 적셨네.
숲을 열어 들사슴 다니게 하고
버들 엮어 남새밭의 닭을 막았네.

산꽃이 어지러이 핀들 어떠리
오솔길에 풀이 많아 되레 좋은걸.
벗님은 기약하고 오지 않으니
갓 익은 술을 어찌할거나.

물소리는 골짝 입구를 머금었고
구름 기운은 산허리를 둘렀네.
학은 모래톱에 졸며 서 있고
다람쥐 놀라서 나무 위로 폴짝 뛰네.

―

昨日雲垂地, 今朝雨浥泥. 開林行野鹿, 編柳卻園雞.

不禁山花亂, 還憐徑草多. 可人期不至, 奈此綠尊何?

水聲含洞口, 雲氣帶山腰. 睡鶴沙中立, 驚鼯樹上跳.

봄날 시골의 소박한 생활과 한적한 정취를 노래했다. 꾸벅꾸벅 조는 학이 평화로운 느낌을 주는 한편, 폴짝폴짝 뛰는 다람쥐가 생동감을 부여한다.

봄날

한가한 맑은 새벽
옷 헤치고 서쪽 마루에 앉았네.
종아이는 뜨락 쓸고
적막하여 문을 도로 닫았네.
그윽한 섬돌엔 가는 풀 나고
봄동산 여기저기 좋은 나무들.
비 오기 전에는 살구꽃이 드물더니
밤사이에 복사꽃이 활짝 피었네.
붉은 앵두꽃은 향기로운 눈처럼 날리고
하얀 오얏꽃은 은빛 바다처럼 번득이네.
고운 새는 재주를 뽐내는 듯
따뜻한 아침 볕에 꾸루룩꾸룩.
세월은 머물러 주지 않으니
그윽한 회포 서글퍼 말 못 하겠네.
삼 년을 서울서 봄을 맞으니
답답한 게 멍에 멘 망아지 신세.
어영부영 결국 무슨 도움 되었나

밤낮으로 나라 은혜 부끄럽구나.

맑은 낙동강에 우리 집 있어

한적한 마을에서 즐겁게 살지.

이웃은 봄 농사짓고

닭과 개는 울 밑 지키네.

책상에는 책이 놓여 있고

냇가에는 노을이 비치네.

시내엔 물고기와 새

솔 아랜 학과 잔나비.

산속의 사람들 즐거울 테니

고향으로 돌아가 술이나 받았으면.

淸晨無一事, 披衣坐西軒. 家僮掃庭戶, 寂寥還掩門. 細草生幽砌, 佳樹散芳園.
杏花雨前稀, 桃花夜來繁. 紅櫻香雪飄, 縞李銀海飜. 好鳥如自矜, 間關哢朝喧.
時光忽不留, 幽懷悵難言. 三年京洛春, 局促駒在轅. 悠悠竟何益? 日夕愧國恩.
我家淸洛上, 熙熙樂閒村. 隣里事東作, 雞犬護籬垣. 圖書靜几席, 烟霞映川原.
溪中魚與鳥, 松下鶴與猿. 樂哉山中人, 言歸謀酒尊.

1536년 36세 때 지은 작품이다. 퇴계는 1533년 음력 5월 서울에 올라와 성균관에서 공부했으니, 이 작품을 지을 당시 3년째 객지 생활을 하고 있었던 것이 된다. 먼저 봄날의 한적한 정취를 읊다가, 전환하여 지나간 세월에 대한 감개를 드러내고, 그 다음에 정겨운 고향에 대한 상상으로 끝맺었다.

이화정에서 비를 대하며

어둑어둑 긴 강에는 가랑비가 흐릿한데
고요한 들판에는 수풀이 우거졌네.
가을 소리 들어오자 빈 누각이 부서질 듯
저녁 강물 밀려오자 두터운 땅이 뒤집힐 듯.
외로이 가는 배는 멀리 사라지려 하고
황폐한 동산은 그윽한 회포와 맞구나.
어찌하면 눈앞의 속세를 벗어나
천 이랑 물결에 한 점 흔적 없앨 수 있을까.

黯黯長江細雨昏, 微微平野樹林渾. 秋聲入處碎虛閣, 晩水來時翻厚坤. 遠勢欲無孤去艇, 幽懷頗愜久荒園. 如何咫尺紅塵外, 千頃都無一點痕?

1541년 41세 때 지은 시이다. 이때 퇴계는 동호(東湖)의 독서당에서 공부하고 있었는데, 거기에 부속된 정자인 이화정(梨花亭)에서 비 내리는 풍경을 보면서 자신의 감회를 읊은 것이 이 작품이다. 3행과 4행은 역동적인 이미지를 연출한다. 그 반면 5행과 6행은 그윽한 이미지를 보여준다. 이런 분위기를 이어받아 마지막 두 행은 번잡한 이 세상을 완전히 초월하고 싶은 마음을 드러냈다.

불쌍한 겨울 나그네

바람이 몰아치니 창과 문짝 요란하고
연기가 쓸쓸하니 객사가 춥네.
동상(凍傷) 입은 게 어찌 그대 탓이랴
홑옷 입고 하소연하는 그대가 불쌍하네.

———

風聲叱吸窓扉語, 烟氣飄蕭客舍寒. 受凍肌膚寧異性? 狐裘憐汝訴衣單.

———

1542년 음력 12월 42세 때 지은 작품이다. 이 당시 퇴계는 둘째 아들의 결혼 문제로 휴가를 받아 단성(丹城)으로 내려갔는데, 도중에 안곡역(安谷驛)에서 혹독한 추위에 홑옷 하나 걸치고 여행하는 사람을 보게 되었다. 이 시는 그 연민의 정을 표현한 것이다. 안곡역은 지금의 경상북도 구미시 무을면 안곡리에 있었다.

봄날 냇가에 나가

1

눈 녹고 얼음 풀려 시냇물 푸르르고
산들산들 봄바람이 버들둑에 불어오네.
몸 나아져 와서 보니 그윽한 흥 흡족한데
새싹 돋아나려는 게 더더욱 어여쁘네.

雪消氷泮淥生溪, 淡淡和風颭柳堤. 病起來看幽興足, 更憐芳草欲抽荑.

2

버들 따라 시내 찾아 흰 모래 위 앉았으니
어린아이 새 옷 입고 다풀다풀 뛰노네.
뉘 알리 얼굴 가득 봄바람 속에
천 송이 만 송이 수놓는 것을.

傍柳尋溪坐白沙, 小童新試從婆娑. 誰知滿面東風裏, 繡出千芳與萬葩?

첫 번째 시의 '새싹'과 두 번째 시의 '아이'는 모두 아직 작고 미약한 존재로, 초봄의 파릇파릇한 생명력을 형상화한다. 이 생명력은 '봄바람'의 이미지로 이어진다. '봄바람'은 자기 스스로는 보이지 않지만, 그것이 지나간 자리에는 온갖 예쁜 꽃들이 피어난다. 그것은 생명의 숨결이다.

손님이 찾아와

애초에 종적 거둬 깊은 숲속 들어올 젠
생각도 못 했지 멀리서 벗이 올 줄.
다른 일은 굳이 말할 필요가 없지
얼굴 펴고 한마음 즐기는 게 딱 좋아.
뭉게뭉게 구름은 술자리에 나직하고
조잘조잘 산새는 시 읊는 데 화답하네.
훗날 그대 그리며 홀로 앉아 있을 제
못 견디리 밝은 달이 다정하게 비치는 걸.

本收蹤跡入深林, 何意親朋或遠尋? 鼓舌未須談別事, 開顔正好款同心. 溪雲婉婉低相酌, 山鳥嚶嚶和共吟. 他日思君獨坐處, 不堪明月盡情臨.

뜻밖의 손님이 찾아왔다. 그는 한마음의 벗이다. 우리가 함께 술 마시고 시 읊는데 구름도 산새도 찾아와 함께 한다. 나와 벗이 한마음일 뿐 아니라 우리와 자연도 한마음인 것이다. 이 시는 1561년 61세 때 지은 작품이다. 이 무렵 퇴계는 도산서당에서 은둔 생활을 했다. 첫 행에서 종적을 거두었다고 말한 것은 이 때문이다.

문경새재를 넘으며

꿩은 깍깍 물은 졸졸
봄바람에 가랑비 맞으며 말 타고 돌아오네.
길에서 사람 만나 희색(喜色)이 도는데
말씨를 들어 보니 벌써 고향이구나.

―

雉鳴角角水潺潺, 細雨春風匹馬還. 路上逢人猶喜色, 語音知是自鄉關.

1546년 46세 때 퇴계는 휴가를 받아 음력 3월경에 고향으로 내려갔다. 이 시는 이 무렵에 지어졌다. 서울에서 퇴계의 고향인 예안까지 육로로 가려면 문경새재를 거쳐야 한다. 아직 고향에 도착하기 전인데, 퇴계는 길에서 고향 말씨를 듣고 고향에 점점 가까워짐을 실감하게 된다. 이런 설정이 반가움과 설렘을 효과적으로 보여 준다.

비 개자 흥이 나서

비 개자 구름은 허공 멀리 쌓여 있고
봉우리는 푸른 개울 겹겹이 둘러쌌네.
시냇가 바위에 나 홀로 앉아
모래밭 글씨 자국 말없이 세네.

雨罷閒雲矗遠空, 碧溪靑嶂遶重重. 我來獨坐溪邊石, 默數平沙古篆蹤.

1행과 2행은 비가 그친 뒤의 풍경을 묘사했다. 3행에는 이 풍경을 구경하는 시적 화자가 등장한다. 그와 함께 1행과 2행에서 먼 곳을 향하던 시선도 시적 화자 가까이로 클로즈업된다. 4행의 '모래밭 글씨 자국'은 모래밭에 찍힌 새 발자국이다.

저물녘 거닐며

자꾸 잊어 어지러이 글을 뽑아서
흩었다가 도로 정리하자니
해가 홀연 서쪽으로 기울고
강 빛이 숲 그림자를 흔드네.
지팡이 짚고 뜨락에 내려가
고개 들어 구름산을 바라보니
밥 짓는 연기 솔솔 일고
들판은 으스스 싸늘하누나.
농가(農家)에 가을걷이 가까워져
방앗간 우물터에 기쁜 빛 도네.
갈가마귀 돌아오니 철을 잘 알고
해오라기 서 있으니 훤칠한 모습.
이내 생애 나 홀로 뭘 했는지
숙원(宿願)이 막힌 지 하마 오래네.
이 회포 얘기할 이 없어서
고요한 밤 거문고를 타노라.

一

苦忘亂抽書, 散漫還復整. 曜靈忽西頹, 江光搖林影. 扶筇下中庭, 矯首望雲嶺.
漠漠炊烟生, 蕭蕭原野冷. 田家近秋穫, 喜色動臼井. 鴉還天機熟, 鷺立風標迥.
我生獨何爲? 宿願久相梗. 無人語此懷, 瑤琴彈夜靜.

1544년 음력 7월 44때 지은 시이다. 이 무렵 퇴계는 압구정에서 독서를 하고 있었다. 한참 독서하다가 저물 무렵 산책하면서 보게 된 이런저런 광경을 그리면서 자신의 감회를 드러내고 있다. 1행과 2행은 글을 읽고 난 뒤에 그 내용을 잘 기억하지 못해서, 나중에 다시 이 책인지 저 책인지 뒤져 보느라 어지러워진 것을 다시 정리한다는 말이다.

메내에서

어린 시절 여기서 낚시했는데
삼십 년 세월을 풍진 속에 저버렸네.
시내와 산의 얼굴을 나는 알아보지만
시내와 산은 늙은 나를 알아볼지.

—

長憶童時釣此間, 卅年風月負塵寰. 我來識得溪山面, 未必溪山識老顔.

1546년 가을 46세 때 홀로 고산(孤山) 일대를 노닐면서 그곳의 경치와 자신의 감회를 읊은 연작시의 일부이다. 세월의 흐름 속에 자연과 내가 대비되면서 시인의 감개가 토로된다. 고산은 지금의 안동시 도산면 가송리(佳松里)에 있는데, 퇴계는 이곳의 아름다운 경치를 좋아했다. 고산에서 조금 아래로 내려가면 큰 소(沼)가 있는데, 이곳이 월명담(月明潭)이고, 그 아래로 내려가면 '메내'(獼川)가 나온다고 한다.

세상맛 각별해지니

성격이 치우쳐져 고요를 탐내지만
여윈 몸은 추위가 두렵네.
창문 닫고 솔바람 소리를 듣는가 하면
화로 끼고 매화에 내린 눈을 보기도 하네.
늙을수록 세상맛 각별해지니
인생은 말로가 어려운 법.
깨닫고 한 번 웃으니
한바탕 헛된 꿈을 꾼 거라네.

―

性僻常耽靜, 形羸實怕寒. 松風關院聽, 梅雪擁爐看. 世味衰年別, 人生末路難.
悟來成一笑, 曾是夢槐安.

노년의 감회를 읊은 시이다. 찬바람이 못 들어오게 창문을 닫은 것과 추워서 화로를 끼고 있는 것은 모두 나이가 들어서 몸이 쇠약해졌기 때문이다. '헛된 꿈'은 인생의 덧없음을 뜻한다.

큰바람

큰바람이 불어와
아름드리 나무를 뒤흔드니
웅장한 소리는 일만 마리 말이 달리듯
몰아치는 기세는 바다가 뒤집히듯.
우습구나 나는 병든 몸 되어
문 꼭 닫고 혼자서 움츠렸으니.

今日大塊噫, 簸撼百圍木. 聲雄萬馬驅, 勢劇九溟覆. 笑我爲病軀, 牢關自縮恧.

병들고 초라한 나와 웅장하고 힘찬 자연이 대비되고, 고요하고 안전한 실내와 큰바람이 불어닥치는 바깥이 대비된다.

초야의 즐거움 1

나는 본시 산야(山野) 체질
고요가 좋아라 번잡은 싫고.
번잡을 좋아해선 아니 되지만
고요만 좋아해도 치우친 거지.
그대여 대도(大道) 지닌 사람을 보게
저자를 깊은 산과 같게 본다네.
도리에 맞다면 행할 뿐이니
가도 되고 돌아와도 되지.
하지만 세속에 물들까 두려우니
조용히 수양함이 차라리 낫지.

我本山野質, 愛靜不愛喧. 愛喧固不可, 愛靜亦一偏. 君看大道人, 朝市等雲山. 義安卽蹈之, 可往亦可還. 但恐易磷緇, 寧敦靜修言.

20편 연작시의 일부로, 1550년 50세 때 지은 것으로 추정된다. 이 무렵 퇴계는 은둔을 결심하고 이런저런 준비를 했다. '대도 지닌 사람'은 조용한 곳만을 고집하지 않고 어떤 환경에 처해도 세속에 물들지 않는 사람을 말한다. 마지막 두 행은 퇴계가 이런 경지를 잘 알고 있는데도 굳이 은둔할 결심을 한 이유를 말했다.

초야의 즐거움 2

동산에 아침 비 지나가니
아름다운 나무가 파릇파릇.
저물녘 서늘한 바람이 불고
높은 가지에 노을이 깃드네.
텅 빈 초가는 고요하고
깊은 골짝은 기이하네.
술은 홀로 마시는 게 아닌데
우연히 흥에 겨워 해 보는 거지.
즐거이 내 몸도 잊을 판인데
더구나 세속에 얽매일 리가.

―

園林朝雨過, 蔥蒨嘉樹姿. 晩凉生衆虛, 餘霞棲高枝. 沈寥茅屋靜, 峪岔洞壑奇.
酒無獨飮理, 偶興聊自爲. 陶然形迹忘, 況復嬰塵羈.

앞의 시와 같은 연작시의 일부이다. 자연 속의 자유롭고 한적한 삶을 노래했다.

초야의 즐거움 3

동북쪽서 밝은 해 뜨자
산마을에 이슬 안개 걷혔네.
시내와 벌판이 툭 트이니
은자의 회포가 상쾌해지네.
만물이 제각기 만족해 하니
오묘한 조화가 어긋남 없네.
쌍쌍의 제비가 날더니
긴긴 여름 스스로 와 깃들었네.
입 있어도 곡식을 쪼지 않고
진흙을 물어 와 열심히 둥지 쳤네.
보금자리 이뤄지자 새끼 기르니
사물의 본성은 하늘이 고른 것.
삿된 마음 없으면 지혜로워지고
재주를 부리면 되레 잘못되는 법.
처마에서 지지배배 우니
주인이 비로소 단꿈 깨누나.

―

瞰日出東北, 巖居霧露開. 川原曠延矚, 爽朗幽人懷. 萬物各自得, 玄化妙無乖.
飛飛雙燕子, 長夏自來棲. 有口不啄粟, 卒瘏銜其泥. 巢成養雛去, 物性天所諧.
無機似獨智, 用巧還群迷. 晴簷語呢喃, 主人夢初回.

앞의 시와 같은 연작시의 일부이다. 1~4행은 맑고 깨끗한 자연을 읊었다. 5행과 6행은 만물이 각각 제자리를 얻은 평화로운 상태를 말했다. 7~12행은 제비의 생활을 통해 자연의 섭리에 따른 자족적인 삶을 그렸다. 13~16행은 자연의 조화에 순응하는 삶의 자세를 강조했다.

청음석

어린 시절 뫼시고 노닐던 곳에
시 읊던 혼 떠나서 아니 오시네.
시내 소리 울리는 돌만 남아서
다시 찾은 사람을 위로하는 듯.

반반하고 큼직한 돌이 있으니
그윽한 시내 하나 감고 도누나.
산꽃 피길 다시금 기다려야지
지금 내가 조금 일찍 왔나 보구나.

―

總角陪游地, 吟魂去不回. 唯餘溪響石, 似欲慰重來.
坡陀巨石在, 窈窕一溪回. 更待山花發, 吾今較早來.

청음석(淸吟石)은 온계(溫溪) 하류에 있는 반석으로, 그 이름은 퇴계가 붙인 것이다. '온계'는 '퇴계' 위쪽에 있는 계천이다. 1511년 퇴계가 11세 때 숙부 이우(李堣, 1469~1517)가 휴가를 받아 고향으로 내려와 이곳에서 노닐었는데, 이때 퇴계도 동행했다고 한다. 그후 퇴계는 47세 때 다시 형님과 조카와 함께 같은 곳에 노닐었다. 이 시는 이런 배경에서 지어졌다. '시 읊던 혼'은 예전에 이곳에서 시를 읊던 숙부 이우를 가리킨다.

도산12곡

1

이런들 어떠하며 저런들 어떠하리
초야우생(草野愚生)[1]이 이렇다 어떠하리
하물며 천석고황(泉石膏肓)[2]을 고쳐 무엇 하리.

1_ 초야우생(草野愚生): 초야에 사는 어리석은 사람이라는 뜻으로, 여기서는 퇴계 자신을 가리킨다.
2_ 천석고황(泉石膏肓): 자연에 대한 애정이 너무 깊어 고질병이 되었다는 뜻.

자연에 대한 깊은 애정을 노래했다. 이런들 어떻고 저런들 어떠냐는 말은 자연의 흐름에 자신을 내맡긴 초연한 삶의 자세를 보여 준다.

2

연하(煙霞)[3]로 집을 삼고 풍월(風月)[4]로 벗을 삼아
태평성대에 병으로 늙어 가니
이 중에 바라는 일은 허물이나 없고자.

3_ 연하(煙霞): 안개와 노을이라는 말로 아름다운 자연을 뜻한다. 연하로 집을 삼는다는 말은 아름다운 자연 속에서 산다는 뜻이다.
4_ 풍월(風月): 바람과 달이라는 말로 역시 자연을 뜻한다. 풍월로 벗을 삼는다는 말은 자연과 더불어 살아간다는 뜻이다.

자연 속에서 자연과 더불어 사는 삶을 노래하면서, 이 좋은 시대에 그저 허물없이 살았으면 하는 바람을 드러냈다.

3

순풍(淳風)[5]이 죽다 하니 진실로 거짓말이
인성(人性)이 어질다 하니 진실로 옳은 말이
천하에 허다영재(許多英才)[6]를 속여 말씀할까.

5_ 순풍(淳風): '순후한 풍속'이라는 뜻.
6_ 허다영재(許多英才): '매우 많은 영재'라는 뜻. 여기서는 퇴계의 제자들이나 그밖에 학문에 힘쓰고 있는 여러 사람을 가리킬 터이지만, 의미를 더 넓혀서 이 글을 읽고 있는 독자를 가리킨다고 봐도 무방하다.

어진 정치를 행하면 굳이 강압적인 방법을 동원하지 않더라도 세상 풍속이 순후해질 수 있으며, 인간의 본성은 원래 선하기 때문에 사람이면 누구든지 훌륭하게 될 수 있다는 생각을 담고 있다. 마지막 행은 이런 생각이 의심의 여지가 없는 진리라는 확신을 밝히고 있다.

4

유난(幽蘭)이 재곡(在谷)하니7_ 자연히 듣기 좋아8_

백운(白雲)이 재산(在山)하니9_ 자연히 보기 좋아

이 중에 피미일인(彼美一人)10_을 더욱 잊지 못하여라.

7_ 유난(幽蘭)이 재곡(在谷)하니: '그윽한 난초가 골짜기에 있으니'라는 뜻.
8_ 듣기 좋아: 듣는다는 것은 향을 맡는다는 뜻이다. '향을 맡다'에 해당하는 한문 표현이 '문향'(聞香), 즉 글자대로 풀이하면 '향을 듣다'이므로 이렇게 말한 것이다.
9_ 백운(白雲)이 재산(在山)하니: '흰 구름이 산에 있으니'라는 뜻.
10_ 피미일인(彼美一人): '저 미인 한 사람'이라는 뜻. 일반적으로 임금을 가리킨다고 하지만, 꼭 거기에 구애될 필요 없이, 어떤 소중하고 그리운 대상을 뜻한다고 봐도 무방하다.

아름다운 자연 속에 살면서도 임금 내지 어떤 소중한 사람을 잊지 못하는 마음을 노래했다. 그윽한 난초와 흰 구름은 모두 아름다운 자연을 형상화한 것이자, 속세를 초월한 맑고 깨끗한 마음을 상징한 것이다.

5

산전(山前)에 유대(有臺)하고[11] 대하(臺下)에 유수(有水)로다[12]
때 만난 갈매기는 오며가며 하거든
어째서 교교백구(皎皎白駒)[13]는 멀리 마음 하는고.[14]

---

[11] 산전(山前)에 유대(有臺)하고: 산 앞에 누대가 있다는 뜻으로, 도산서당 주변의 경관을 가리킨다.
[12] 대하(臺下)에 유수(有水)로다: 누대 아래에 계천이 있다는 뜻으로, 마찬가지로 도산서당 주변의 경관을 가리킨다.
[13] 교교백구(皎皎白駒): 희디흰 망아지라는 뜻. 일반적으로 훌륭한 사람이나 소중한 벗이 찾아오거나 떠날 경우에 사용하는 표현이다.
[14] 멀리 마음 하는고: '어찌 여기에 만족하지 못하고 먼 곳에 마음을 두는가'라는 뜻.

도산서당 주위의 경관이 좋으니 이곳에서 좋은 벗들과 어울려 지내면서 생활했으면 하는 바람을 나타냈다.

6

춘풍(春風)에 화만산(花滿山)하고[15] 추야(秋夜)에 월만대(月滿臺)라[16]
사시가흥(四時佳興)[17] 이 사람과 한가지라[18]
하물며 어약연비(魚躍鳶飛)[19] 운영천광(雲影天光)[20] 이야 어디 끝이 있을꼬.

[15] 춘풍(春風)에 화만산(花滿山)하고: 봄바람이 불자 꽃이 산에 만발했다는 뜻.
[16] 추야(秋夜)에 월만대(月滿臺)라: 가을밤에 달빛이 누대에 가득하다는 뜻.
[17] 사시가흥(四時佳興): 사계절의 아름다운 흥취를 뜻하는 말.
[18] 한가지라: '마찬가지이다' 내지 '똑같다'라는 뜻.
[19] 어약연비(魚躍鳶飛): 연못에는 물고기가 뛰고 하늘에는 솔개가 난다는 말로, 세상의 사물이 생동하는 가운데 도(道)가 두루 밝게 드러난다는 뜻이다. 『시경』(詩經)에 보이는 표현인데, 『중용』(中庸)에 인용되어 있기도 하다.
[20] 운영천광(雲影天光): 구름의 그림자와 하늘의 빛이 연못에 한데 어우러져 있다는 말로, 지극히 선하고 깨끗한 마음을 비유한다. 송나라 학자 주희(朱熹, 1130~1200)의 시에 나오는 표현이다.

자연의 운행 속에 만물이 생동하고, 그런 생동하는 자연 속에서 진리가 환하게 드러나며, 그 진리의 세계가 무궁무진하다는 것을 말했다.

7

천운대(天雲臺)[21] 돌아들어 완락재(玩樂齋) 소쇄(蕭灑)[22] 한데
만권생애(萬卷生涯)[23] 로 낙사무궁(樂事無窮)[24] 하여라
이 중에 왕래풍류(往來風流)[25] 를 일러 무엇 할꼬.

---

[21] 천운대(天雲臺): 도산서당 주변에 있는 누대 이름이다. '완락재'도 마찬가지로 서당 주변의 부속 건물이다.
[22] 소쇄(蕭灑): 티 없이 맑고 깨끗한 상태를 뜻한다.
[23] 만권생애(萬卷生涯): 만 권의 책을 읽고 연구하며 사는 인생이라는 말로, 학자로서의 퇴계 자신의 생애를 뜻한다.
[24] 낙사무궁(樂事無窮): 즐거운 일이 끝이 없다는 뜻.
[25] 왕래풍류: 도산서당을 왔다 갔다 하면서 그 일대의 자연 풍광을 즐기며 운치 있게 살아가는 것을 뜻한다.

도산서당에서 학문에 몰두하는 한편 자연과 벗하며 지내는 즐거움을 읊었다.

8

뇌정(雷霆)이 파산(破山)하여도[26] 농자(聾者)[27]는 못 듣나니
백일(白日)이 중천(中天)하여도[28] 고자(瞽者)[29]는 못 보나니
우리는 이목총명(耳目聰明)[30] 남자로 농고(聾瞽)[31] 같지 말리라.

---

[26] 뇌정(雷霆)이 파산(破山)하여도: '산을 깨뜨릴 정도로 천둥과 우레 소리가 크더라도'라는 뜻.
[27] 농자(聾者): 귀먹은 사람.
[28] 백일(白日)이 중천(中天)하여도: '밝은 해가 하늘에 떠 있더라도'라는 뜻.
[29] 고자(瞽者): 눈먼 사람.
[30] 이목총명(耳目聰明): 귀 밝고 눈 밝다는 뜻.
[31] 농고(聾瞽): 귀먹은 사람과 눈먼 사람.

귀먹은 사람과 눈먼 사람은 진리가 아무리 명백해도 깨닫지 못하는 어리석은 사람을 상징한다. 퇴계는 욕심이 인간의 마음을 어둡게 하여 진리를 깨닫는 데 방해가 된다고 생각했다. 이 시조는 마음을 닦고 지혜를 밝혀서 진리를 터득해야 한다는 것을 강조했다.

9

고인(古人)도 날 못 보고 나도 고인 못 뵈
고인을 못 봐도 가던 길 앞에 있네
가던 길 앞에 있거든 아니 가고 어쩔꼬.

'고인'은 나보다 먼저 학문의 길을 걸은 훌륭한 선배 학자들이다. 나도 이분들의 뒤를 이어 학문에 정진하겠다는 뜻이다.

10

당시에 가던 길을 몇 해를 버려 두고
어디 가 다니다가 이제야 돌아온고
이제야 돌아오나니 딴 데 마음 말리.

당시에 가던 길이란 젊은 시절에 퇴계가 가기로 마음먹은 학문의 길을 뜻한다. 그러나 퇴계는 벼슬살이를 하느라 오랜 세월이 지난 뒤에야 고향으로 돌아와 다시 학문의 길을 걸을 수 있게 되었다. 그래서 퇴계는 이제부터는 오로지 학문에만 정진하겠다고 다짐했는데, 이 시조는 이런 다짐을 드러냈다.

11

청산(靑山)32_은 어찌하여 만고(萬古)33_에 푸르르며
유수(流水)34_는 어찌하여 주야(晝夜)35_에 그치지 않는고
우리도 그치지 말아 만고상청(萬古常靑)36_호리라.

32_ 청산(靑山): 푸른 산이라는 뜻.
33_ 만고(萬古): 매우 오랜 세월을 뜻하는 말.
34_ 유수(流水): 흐르는 물이라는 뜻.
35_ 주야(晝夜): '밤낮으로'라는 뜻.
36_ 만고상청(萬古常靑): 오랜 세월토록 언제나 푸르다는 뜻.

늘 푸른 산과 쉼 없는 강물처럼, 공부하는 사람도 부단히 노력해야 한다는 뜻이다.

12

우부(愚夫)[37]도 알며 하거니 그 아니 쉬운가
성인(聖人)도 못다 하시니[38] 그 아니 어려운가
쉽거나 어렵거나 중에 늙는 줄을 몰라라.

---

[37] 우부(愚夫): '어리석은 지아비'라는 뜻으로 평범한 보통 사람을 가리킨다. '우부도 알며
한다'라는 말은, 인간이면 누구나 무엇이 올바른 도리인지 안다는 뜻이다.
[38] 성인(聖人)도 못다 하시니: 아무리 성인이라도 인간의 도리를 실천하는 데에는 어려움
이 따르게 마련이므로 부단한 노력이 필요하다는 뜻이다.

도덕 수양의 길이 평생토록 끝이 없다는 것을 노래했다. 인간이면 누구나 무엇이 올바른
지 잘 알지만 막상 그것을 실천하기는 매우 어려워서 끊임없이 노력해야 하는데, 나는
나이가 드는 줄도 모를 정도로 열심히 노력해 왔고, 앞으로도 그럴 것이라는 내용이다.

마음을 가라앉히고 세상을 보니

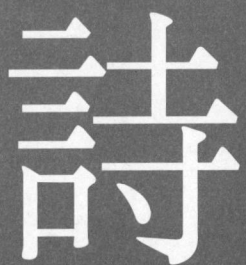

연못 1

이슬 맺힌 풀 야들야들 푸른 언덕 감쌌고
작은 연못 맑아서 티 없이 깨끗하네.
구름 날고 새 지나감 원래 그런 거지만
제비가 때때로 물결 찰까 걱정되네.

─

露草夭夭繞碧坡, 小塘清活淨無沙. 雲飛鳥過元相管, 只恐時時燕蹴波.

1518년 18세 때 연곡(燕谷)에서 노닐다가 그곳의 맑은 연못을 보고 지은 시이다. 연곡은 지금의 안동시 도산군 온혜리(溫惠里)의 취미헌(翠微軒) 앞쪽이라고 한다. 연못은 마음을 비유한다. 제비가 물결을 차는 것은 외부의 사물이 마음에 동요를 일으키는 것을 비유한다.

연못 2

바닥까지 보이는 맑은 연못에
하늘의 빛과 구름의 그림자.
못 가운데 달 비치면
티 없는 경지를 이루리라.

―

小塘淸徹底, 天光共雲影. 更待月印心, 眞成灑落境.

―

여기서도 연못은 마음을 비유한다. 원래 인간의 마음은 맑지만 욕심 때문에 더럽혀진다고 퇴계는 생각했다. 이 시는 닦고 또 닦아 맑고 깨끗해진 마음의 상태를 노래했다.

백로

당당한 게 절로 기품이 있고
희디흰 건 마치 눈과 같아라.
고기 잡는 데 너무 애쓰지 말거라
모래와 진흙이 묻을까 두려우니라.

―

振振自風標, 白白如雪色. 謀魚莫太營, 怕有沙泥及.

이익을 다투다가 고결한 기품을 더럽히는 것을 경계한 시이다. 고고한 자세가 느껴진다.

장회 여울

힘을 써야 겨우 조금 앞으로 가고
손 놓으면 대번에 떠내려가지.
자네 만약 뜻이 있거든
잘 봐 두게 여울물 거슬러 올라가는 배를.

—

力殫方少進, 放手已頹流. 請君如有意, 看取上灘舟.

마음을 닦는 데 한순간도 방심해서는 안 되며 부단히 노력해야 한다는 당부의 뜻을 담고 있다. 장회 여울은 지금의 단양군 장회리(長會里) 아랫마을 북쪽에 있는 여울 이름이다.

꽃이 화려한들

꽃치고 열흘 가는 꽃이 없고
번화한 꽃일수록 열매 적은 법.
요즘들 화려함을 숭상하지만
근본이 없는데 어디다 쓸꼬.

―

造花都無十日花, 花能繁者實無多. 今人競尙文華美, 沒盡根原奈用何?

화려한 외면보다 내면의 근본이 중요하다는 뜻이다.

마음을 비우고

마음을 비우고 창가에 기대니
온 뜰 가득한 풀이 생기를 머금었네.
사물과 나 사이에 구분 없음 알려거든
저 오묘한 태초(太初)를 보게.

人正虛襟對窓几, 草含生意滿庭除. 欲知物我元無間, 請看眞精妙合初.

퇴계는 아무리 하찮은 풀 한 포기라도 생명을 지녔으며 그 생명의 기운을 관찰하는 것이 중요하다고 생각했다. 모든 생명체는 근원적으로 서로 깊은 연관을 맺는다는 인식이 여기에 깔려 있다. 사물과 나 사이에 구분이 없다는 말에서 이런 인식을 읽을 수 있다.

사물을 보다

많고 많은 사물은 어디서 났나
아득한 근원은 텅 빈 게 아니지.
전현(前賢)의 감흥을 알려면
뜨락의 풀과 물고기를 보게.

―

芸芸庶物從何有? 漠漠源頭不是虛. 欲識前賢興感處, 請看庭草與盆魚.

'전현'은 '앞 시대의 훌륭한 사람'이라는 뜻으로, 여기서는 송나라 학자 주돈이(周敦頤, 1017~1073)를 가리킨다. 그는 창 앞에 풀이 무성해졌는데도 베지 않고 그대로 두어 그 생명의 기운을 보고자 했으며, 어항에 물고기를 길러 모든 사물이 각각 제자리를 얻어 만족스럽게 살아가는 뜻을 살피고자 했다.

한가로운 삶

성긴 숲에 개울물이 졸졸 흐르고
계곡 입구에 아침 햇살 서서히 비치네.
차분하게 보니 모두가 만족한 모양이고
한가롭게 앉으니 깊은 생각에 잠기네.
산새들 지저귐은 시시각각 변하고
굳게 박힌 바위는 강물에도 꿈쩍 않네.
흥에 겨워 혼자 노니니 마음 흡족해
붓과 벼루만 가지고 왔네.

疎林寒澗勢離離, 谷口朝陽出霧遲. 杳杳靜觀皆自得, 悠悠閒坐有深思. 山禽弄舌時能變, 溪石盤根水莫移. 乘興獨遊心得得, 只令泓穎與相隨.

'차분하게 보니' 운운한 구절은 송나라 학자 정호(程顥, 1032~1085)의 시 「가을에 우연히 짓다」(秋日偶成) 중에서 "만물을 차분하게 보니 모두 만족한 모양이고"라는 구절을 끌어 쓴 것이다. '차분하게 본다'라는 말은 대체로 도학자(道學者)의 사물 관찰을 뜻한다. 산새의 지저귐은 수시로 변하는 것이고 개울의 바위는 불변하는 것으로, 변화무쌍한 현상계와 그 밑바탕에 놓인 불변의 이치를 상징하는 것으로 해석할 수 있다.

독서

독서는 산놀이와 같다고들 하는데
이제 보니 산놀이가 독서와 같네.
낮은 데서부터 공력을 기울여야 하니
터득을 하려면 거기를 거쳐야지.
구름 이는 것 봐야 오묘한 이치 알고
근원에 당도해야 시초를 깨닫지.
꼭대기 높이 오르도록 그대들 힘쓰오
노쇠하여 포기한 이내 몸이 부끄러워라.

―

讀書人說遊山似, 今見遊山似讀書. 工力盡時元自下, 淺深得處摠由渠. 坐看雲起因知妙, 行到源頭始覺初. 絶頂高尋勉公等, 老衰中輟愧深余.

퇴계는 독서할 때 처음부터 지나친 욕심을 부리지 말고 쉬운 책부터 시작하여 차근차근 해 나가라고 조언하고 있다. 그렇다고 해서 낮은 수준에 안주하거나 태만하게 하라는 말은 아니다. 퇴계는 그렇게 차근차근하게 하되 반드시 그 깊은 근원까지 파고들고 가장 높은 곳까지 도달하도록 힘쓰라고 말하고 있다.

『화담집』 뒤에 적다

슬프구나 화담(花潭) 노인이
이제 나랑 영영 멀어졌으니.
꼿꼿하게 성현을 따랐고
사물을 살피며 자연을 즐겼지.
벼슬에 아무런 관심이 없었건만
어째서 호미를 내던진 건지.
생전에 만약 만났더라면
십 년 독서하는 것보다 나았을 텐데.

―

嘆息花潭老, 于今永我疎. 抗身依聖哲, 觀物樂鳶魚. 不藉彈冠手, 寧抛帶月鋤? 當年如得見, 勝讀十年書.

1554년 54세 때 지은 작품으로, 화담 서경덕(花潭 徐敬德, 1484~1546)의 문집 『화담집』(花潭集)을 읽고 그 소감을 피력한 연작시의 일부이다. 일반적으로 퇴계와 화담의 학문과 사상은 상당히 다른 것으로 알려져 있다. 그런데 이 작품에서 퇴계는 그의 학자적 삶을 높이 평가하고 생전에 그를 만나지 못한 것을 몹시 안타까워하고 있어 주목된다. 호미를 내던졌다는 것은 초야의 서경덕이 세상을 떴다는 뜻이다.

자탄

이미 지난 세월이 나는 안타깝지만
그대는 이제부터 하면 되니 뭐가 문제인가.
조금씩 흙을 쌓아 산을 이룰 그날까지
미적대지도 말고 너무 서둘지도 말게.

―

已去光陰吾所惜, 當前功力子何傷? 但從一簣爲山日, 莫自因循莫太忙.

―

1564년 음력 10월에 퇴계의 제자 김취려(金就礪, 1526~?)가 가르침을 받으러 서울에서 도산서당을 찾아왔는데, 이 시는 이 무렵에 퇴계가 그에게 보내 준 작품 중 하나이다. 이때 퇴계는 64세였다. 자기는 이미 늙었으니 어쩔 수 없지만 그대는 아직 젊으니 앞으로 노력하면 된다고 격려하면서, 너무 조급하게 굴지도 말고 그렇다고 어영부영하지도 말고 그저 꾸준하게 해 나가라고 퇴계는 충고하고 있다.

달을 보며

먼지 한 점이라도 가슴에 끼었거든
밤마다 새로워지는 달을 보게나.
티 없이 맑고 참된 경지를
속세 인연 끊어 버린 은자에게 나눠 주네.

―

如覺襟懷累一塵, 此臺看月夜來新. 都將灑落淸眞境, 分付幽人絶俗因.

이 시도 앞의 시와 마찬가지로 김취려에게 보낸 작품 중 하나이다. 달은 티 없이 맑고 깨끗한 마음을 비유한다. 밤마다 새롭게 변하는 달의 모습은 늘 수양하여 마음의 먼지를 닦고 또 닦는 학자의 모습이기도 하다.

너럭바위

탁한 강물 넘실댈 젠 숨어 있더니
물결이 고요해지자 또렷이 보이누나.
이토록 치닫고 부딪는데도
천고(千古)의 억센 돌은 구르지 않네.

黃濁滔滔便隱形, 安流帖帖始分明. 可憐如許奔衝裏, 千古盤陀不轉傾.

1560년 여름 60세 때 도산서당 일대의 건물과 경관을 읊은 연작시 중 한 편이다. 이때 도산서당은 한창 공사 중이었으며, 같은 해 음력 11월에 일부 완공되었다. 거센 물결에도 흔들리지 않고 굳건하게 자기 자리를 지키고 있는 바위의 모습은, 세파에 동요지지 않고 평생 학자로서 꿋꿋하게 살아온 퇴계 자신의 모습이기도 하다. 아울러 도산서당에서 학문에 매진하며 앞으로도 그렇게 살겠다는 다짐도 여기에서 읽을 수 있다.

참된 나에 이르는 길

자만심에 대한 경계

　전에 시(詩), 편지, 『심경』(心經) 등을 보내 주셨으니 제가 당연히 답장을 보내 드렸어야 했는데, 그대의 편지를 받은 당일에는 편지를 가져온 사람에게 조촐한 감사 인사밖에 하지 못했고, 그 후에도 계속 미적거리다가 아직까지 답장을 못 보내 드렸으니, 참 부끄럽습니다.
　그대의 시를 자세히 읽어 보니, 요 근래 크게 진보하여 흥취가 있더군요. 다만 으쓱하여 자기를 뽐내고 자부하며 자만하는 모습이 없지 않고, 겸허하고 공손하며 부드럽고 넉넉한 뜻이 부족해서 문제입니다. 만약 이런 병통을 고치지 않는다면 혹시라도 인격을 도야하고 학업을 닦는 공부에 결국 방해가 되지 않을까 걱정입니다. (…중략…)
　예로부터 학문에 뜻을 둔 사람이 많았지요. 사람의 마음은 본래 신령하고 총명합니다. 그러니 어떤 사람이건 진실로 성현(聖賢)의 서적을 읽는 데 뜻을 둔다면, 처음 시작할 때부터 진리를 조금 알게 되어, 성현의 모습에 방불한 경지를 엿볼 수 있지 않겠습니까?
　그렇지만 이때 그 사람이 별안간 으쓱해져서 '나는 이미 알고 있는데 세상 사람들은 모두 모르는군'이라고 자만해서, 스스로 자기 자신을 대단한 사람인 양 여기고 세상에서 가장 뛰어난 부류로 자처하여, 더 나아지려고 노력할 줄 모르게 되고, 훌륭한 벗과 더불어 공부에 힘쓸 줄 모르게 되지요. 심지어는 지금 세상 사람들뿐 아니라 옛날의 선배 학자들마저 모두 능멸하고 짓밟아서 기어이 그 윗자리에 올라서야만 속이 시원한 사람들이 많습니다. 이런 사람이 바로 명도(明道: 송나라 학자 정호) 선생이 말씀하신바 "경솔하게 자기 자신을 대단하게 여기다가 끝내 아무런 성과도 없는 사람"이 아니고 무엇이겠습니까?

제자 조목(趙穆, 1524~1606)에게 보낸 편지의 일부이다. 인간은 누구나 부족한 점이 있게 마련이다. 그래서 배우려 한다. 그런데 조목은 자기의 공부가 조금 나아지자 자만심을 가졌던 듯하다. 퇴계는 여기에 대해 걱정하고 경계의 말을 하고 있다.

자기 잘못을 고치는 용기

옛날 사람 중에 굳세고 용기 있기로 말하면 주 선생(朱先生 : 송나라 학자 주희)이 가장 뛰어난 분입니다. 그런데 그분은 조금이라도 자기 의견에 잘못된 곳이 있거나 자기 학설에 타당하지 않은 곳이 있다는 것을 깨닫게 되면, 기꺼이 상대방의 지적을 듣고 그 즉시 자기 잘못을 고치지 않은 적이 없습니다.

그분은 말년에 이르러 도덕이 높고 성대해졌는데도 오히려 이렇게 하셨습니다. 그런데 그대는 성현의 도(道)를 배우는 길에 이제 겨우 첫걸음을 내디딘 것 아닙니까? 그러니 그대의 잘못을 지적하는 사람이 없다고 해서 자기가 남들보다 낫다고 자만해서야 되겠습니까? 진정한 굳셈과 진정한 용기란, 강력하게 자기주장을 펴는 데 있는 것이 아니라, 자기의 허물을 고치는 데 인색하지 않고 상대방의 올바른 말을 들으면 그 즉시 따르는 데 있습니다.

기대승(奇大升, 1527~1572)에게 보낸 답장의 일부이다. 그는 8년간 퇴계와 편지를 주고받으며 논쟁을 벌인 인물로 잘 알려져 있다. 본문은 그 편지의 일부이다. 자기 의견을 맹목적으로 고집하는 것은 일견 강해 보일지 몰라도 실은 가짜 용기에 불과하다. 그에 비해 겸허하게 남의 지적을 수용하는 것은 일견 약해 보일지 몰라도 이것이야말로 진정한 용기이다.

지나친 자책

예전에 그대가 산에서 내려와 찾아오셔서 제 마음이 조금 위로되었습니다만, 그후로 편지가 없어서 아쉬웠습니다. 그러던 차에 그대가 마음을 담은 장문의 편지에다가 시(詩)를 세 편이나 보내 주시니, 그대가 요즘도 정신을 가다듬어 깊이 경계하고 성찰하고 있다는 것을 알 수 있었습니다. 그래서 저는 매우 기뻐하면서, 그대의 편지를 계기로 저 자신을 반성할 수 있었습니다.

그대가 오랫동안 이렇게 경건한 마음을 갖고 더욱더 수양하여 공부가 진전되고, 새롭게 터득한 것이 날마다 풍부해진다면, 예전의 안 좋은 습관은 저절로 없어질 것입니다. 다만 일시적으로 뜻을 세운 것은 오래가리라는 보장이 없지요. 아무리 들판을 태우더라도 예전과 다름없이 풀이 다시 돋아나는 것과 같게 된다면 어찌 해 볼 도리가 없으니, 이것이 걱정될 따름입니다.

그리고 옛날 사람들은 비록 잘못을 뉘우치고 자책하는 것을 중요하게 여기긴 했지만, 그렇다고 해서 너무 각박하거나 매정하게 하지는 않았습니다. 이렇게 한다면 도리어 허물을 뉘우치는 것에 얽매인 나머지, 가슴속에 부끄러워하고 안타까워하는 마음만 쌓이기 때문이지요. 연평(延平: 송나라 학자 이동) 선생이 말씀하신바 "한 덩어리의 사사로운 마음이 쌓여 있다"라는 것이 바로 이를 두고 한 말이니, 경계하지 않으면 안 됩니다.

그대가 보내온 편지를 보니, 이런 잘못이 있는 것을 면하지 못했더군요. 만약 그대가 이런 병통을 인식하고 없애고자 한다면, 모름지기 잡념을 일체 쓸어 버리고, 날마다 다만 마음을 비우고 기운을 화평하게 하여 글을 읽고 일상사를 도리에 맞게 하며 오랫동안 독실하게 자기 마음을 잘 기르고 가꾸어야 합니다. 오랫동안 이렇게 도리에 합당하게 하여 힘을 얻는다면, 욕심이 절로 줄어들고, 바르고 온화한 군자의 기상이 점점 이루어질 것입니다. 만약 이렇게 하지 않고 다만 잣달게 자신의 잘잘못을 하나하나 따지고 들면, 늘 근심에 빠져 있는 자질구레한 소인배와 별로 다를 바가 없으니, 끝내 아무런 성취도 없을 것이 틀림없습니다.

보내 주신 시는, 제가 좀 바빠서 미처 화답해서 보내지 못했습니다. 나중에라도 화답 시를 짓게 되거든 그대에게 숨기지 않겠습니다.

과거 시험 보는 일을 이미 면할 수 없다면 마땅히 소홀히 하지 말고 부지런히 힘써야 할 것입니다. 이만 줄입니다.

1557년 57세 때 제자 금난수(琴蘭秀, 1530~1604)에게 보낸 답장의 전문이다. 자기반성을 하는 것은 좋지만 그것이 너무 심해서 지나친 자책이 되면 도리어 해롭다는 말이다. 산에서 내려와 찾아왔다는 것은 금난수가 산속의 서원이나 사찰 같은 곳에서 과거 시험 공부를 하다가 퇴계를 방문한 것을 말한다.

지나침의 병폐

대저 그대는 선(善)을 추구하지 않는 게 문제가 아니라 지나친 게 문제이며, 학문을 즐기지 않는 게 문제가 아니라 조급한 게 문제이며, 예(禮)를 좋아하지 않는 게 문제가 아니라 편향된 게 문제입니다. 그대는 너무 지나치게 선을 추구하기 때문에, 어리석은 사람을 진정 선한 사람이라고 착각합니다. 그대는 너무 조급한 마음으로 학문을 즐기기 때문에, 아직 배우지 않은 것도 지레 이미 배운 것이라고 여깁니다. 그대는 너무 편향되게 예를 좋아하기 때문에, 기어이 세속을 바로잡으려 드는 것을 예에 맞는 것이라고 여깁니다.

이 세 가지 병통은 실로 그대의 큰 근심거리입니다. 지금 너무 조급하게 학문을 이루려고 하는 그대의 계획도 여기에서 말미암지요. 그래서 저는, 그대가 하고자 마음먹은 바를 아름답게 여기지 않은 적이 없고, 그대의 사람 됨됨이를 아끼지 않은 적이 없습니다만, 그대가 세상에서 잘해 나가기가 어렵지 않을까 근심하지 않은 적이 없습니다.

제자 김취려에게 보낸 답장의 일부이다. 지나침의 병폐를 지적하고 있다. 지나치기 때문에 미망·착각·편향성·오만함·고집이 생기며, 이런 폐단이 도리어 공부에 방해가 되는 것은 물론 세상살이에도 좋지 않다는 것이다.

일상생활 속에 진리가 있다 1

보내오신 편지를 보니 기쁘기도 하고 두렵기도 합니다. 제가 그대를 처음 보았을 때부터, 그대가 보통 사람들과 다르게 하는 것을 좋아하는 병통이 있는 줄을 알겠더군요. 그 후로 그대의 말과 행실을 차츰차츰 살펴보니, 하는 일마다 병통이 드러난 것이 하나 둘이 아니었습니다. 그래서 제가 간혹 그 잘못을 바로잡아 드리려고 했지만 그대는 별로 귀 기울이지 않더군요.

어제 일만 해도 그렇습니다. 비록 사소하긴 하나 그대의 병통을 보여 주는 일이었지요. 이런 작은 일을 가지고 큰 것을 미루어 알 수 있기에, 저로서는 한 말씀 드리지 않을 수 없군요. 그래서 입이 닳도록 번거롭게 말씀드릴 수밖에 없으니, 이제 그대가 스스로 반성하여 그 병통의 뿌리가 어디 있는지 찾아내고, 아울러서 제가 미처 말씀드리지 못한 잘못까지 모두 파악해서 고치고자 한다면, 매우 좋고 매우 다행스러운 일이겠습니다.

저는 '중용'(中庸)의 의미에 대한 주 선생(朱先生)의 해석을 좋아합니다. 그 해석에 따르면 '중용'이란 어디에 치우치지 않고 지나치거나 모자람이 없는 것으로서, 평범하고 일상적인 이치라고 합니다. (……) 대저 이러한 진리는 전적으로 일상생활 속에 있습니다. (……) 이건 결코 괴상한 것도 아니고 특이한 것도 아니며, 잘 안 보이는 곳에 숨어 있는 것도 아닙니다.

그런데 요즘 공부하는 사람들은 평범한 일상 속에서 진리를 찾을 줄은 모르고 곧장 괴상하고 특이한 데로 발을 들여놓지요. 그런 사람들은 차근차근 진리로 들어갈 가망성이 없습니다. 도리어 그들은 특이한 것을 들추어내고 괴이한 행동을 하는 쪽으로 귀결되는 경우가 많지요. 심히 개탄스러운 노릇입니다.

요즘 공부하는 사람들이 이렇게 된 이유는 다음과 같습니다. 선비 중에 세속을 따르다가 잘못된 습성에 물들거나 확고한 의지가 없어 평범한 일상에 안주하는 사람들은 누구든 예외 없이 학문을 하려고 하지 않습니다. 그 반면에 학문을 하려고 하는 이들은 대개 모두가 세속을 따르는 것을 부끄럽게 여겨 스스로 뽐내면서 세속을 미워하고 남다르게 하기를 추구하는 사람들입니다. 이런 사람들 치고 애초에 잘못된 길에 들어 이러한 폐단에 빠져 있으면서도 통 자기 수양을 위한 공부는 할 줄 모르고 겉으로 드러난 모습이나 꾸며서 남들에게 잘 보이려고 하지 않는 이가 드물지요. 그 병폐를 보면 도리어 학문을 모르는 사람보다 심하니, 어찌 두려워하지 않을 수 있겠습니까?

그 병폐가 어떤지는 그대 스스로가 대체로 알고 있을 테니, 다시 구구하게 말씀드리지 않겠습니다. 부디 그대가 이 문제를 늘 염두에 두어 고치시기를 바랍니다. 하지만 이것도 꼭 알아주십시오. 그렇다고 해서 제가 그대더러 평범한 것이나 따르고 수준 낮은 것에 영합하기나 하는 사람이 되라고 하는 것은 아니니, 이 점도 함께 잘 생각하시기 바랍니다. 삼가 답장드립니다.

제자 이함형(李咸亨)에게 보낸 답장이다. 그는 아마도 매사에 너무 남다르게 하고자 하는 병통을 지닌 듯하다. 여기에 대해 퇴계는 진리는 일상생활과 분리된 유별난 것이 아니라, 바로 그 일상생활 속에 있는 것이라고 지적한다. 이 편지를 통해, 평소 제자의 문제점을 유심히 관찰하고 자기 일처럼 걱정하며 솔직하면서도 정중하게 꾸짖는 퇴계의 모습을 엿볼 수 있다.

일상생활 속에 진리가 있다 2

　일부러 사람을 보내 『매계집』(梅溪集: 송나라 왕십붕의 문집)을 부쳐 주시니, 참으로 감사하고 감사합니다. 『매계집』의 작가는 비록 유가(儒家)의 학문을 모르긴 했지만, 그가 남긴 작품의 운치는 그 글을 읽는 사람에게 감동을 주어 선량한 마음을 일으킬 수 있습니다. 그래서 저는 늘 마음속으로 그 글을 그리워하던 터였습니다.

　(…중략…)

　그대가 보내온 편지를 보니 조용한 곳에 틀어박혀 있으면서 집중적으로 공부하고 싶다고 되어 있더군요. 하지만 이렇게 하는 것이 모두 옳은 건 아닐 듯합니다. 분분한 세상일에 일일이 신경 쓰다 보면 공부에 방해될 때도 있겠지요. 하지만 일상적인 가정생활이야말로 학문의 큰 근본을 세워 집중하여 공을 들여야 할 곳입니다.

제자 정유일(鄭惟一, 1533~1576)에게 보낸 답장의 일부이다. 생활의 여러 가지 일을 사리에 맞게 잘하는 것이 곧 공부이다. 그것은 단순히 어떤 지식을 생활에 대입하고 적용하는 것이 아니다. 일상생활은 행위 주체의 정신과 심성을 형성하고, 그 정신과 심성은 다시 일상생활에 작용한다. 일종의 상호 작용이 일어나는 것이다. 생활이 곧 공부라는 인식은 궁극적으로 이 점과 연결될 수 있다.

일상생활 속에 진리가 있다 3

저는 병이 나았다 도졌다 해서 일정하지 않고, 노쇠하여 눈이 어두워져 작은 글자를 알아보지 못하게 되었습니다. 이따금 한두 사람이 와서 질문을 하는데, 대개 과거 시험에 대한 것이라 그들에게 무익할 따름입니다.

서울 사람 김명원(金命元)이 이곳에 와서 『주역』을 읽고 있는데, 『주역』을 공부하는 것이 비록 천지만물의 이치의 근원을 알고 심성을 수양하는 데 도움이 되긴 하지만, 일상생활의 공부와 관련해서는 그리 절실하게 와 닿지 않더군요. 그래서 매일 『주역』을 강의하고 나면 곧장 피곤해져서 다른 책을 읽을 여유가 없어 그냥 하루하루 보낼 따름이었습니다.

그러던 터에 갑자기 그대의 편지를 받고 감히 경솔하게 화답하지 못하다가 답장이 늦어졌으니, 더욱 부끄럽고 더욱 부끄럽습니다. 더구나 편지에서 말씀하신바 여러 이치에 대한 그대의 생각은 이미 그대 스스로 터득한 것이니, 제가 더 보탤 말씀이 있겠습니까?

다만 일상생활에서의 여러 가지 일을 두루 행하는 길은 천 갈래 만 갈래여서 정말 끝이 없습니다. 어버이를 섬기는 것에서

부터 시작해서 세상만사와 온갖 사물에 이르기까지 참으로 여러 갈래이지요.

　이렇게 끝없는 일상생활의 일을 하나하나 만족스럽게 하려면, 이치를 탐구하고 매사에 경건한 마음을 갖는 굉장한 공력이 필요합니다. 이런 공력이 없으면 결국 학문을 이루기 어렵습니다.

　옛날 사람들이 학문한 것을 살펴보면, 비록 밤낮으로 조심하고 두려워하는 마음을 갖고 노력하여 한순간의 중단도 용납하지 않았으면서도, 또한 반드시 학문을 꾸준하게 쌓아서 오랫동안 유지하고 거기에 푹 젖어들어서 충분히 그 이치를 음미한 뒤에야, 저절로 순서에 따라 지식과 행동을 터득하게 된 것입니다.

　이것도 정유일에게 보낸 답장의 일부이다. 일상생활 속에서 진리를 찾는 것은 저절로 되는 일이 아니다. 그것은 고도의 긴장과 부단한 노력을 필요로 한다. 그러면서도 다른 한편으로는 여유로운 마음으로 이치를 충분히 음미하는 것도 필요하다. 이렇게 얼핏 보면 서로 다른 듯한 두 방향의 공부를 병행해야 일상생활 속에서 자연스럽게 진리를 터득할 수 있다고 퇴계는 말한다.

휴식의 중요성

그대가 알아야 할 게 한 가지 있습니다. 너무 서두르지도 말고 어려움을 꺼리지도 말며, 한 번 알지 못했다고 곧바로 포기하지도 말고, 그저 하던 걸 그대로 해 나가면서 노력하십시오. 이런 식으로 공부해 나가되, 당장 어떤 효과가 나타나는지 자질구레하게 따지지 말아야 합니다. "어려운 일을 먼저 하고, 어떤 이득이 올지는 따지지 않는다"라는 공자(孔子)의 말씀이 바로 이런 뜻입니다.

그러나 그렇다고 해서 공부를 이렇게 고생스럽게만 할 게 아니라, 때로는 한가하게 쉬면서 정서를 함양할 필요가 있습니다. 이게 바로 예전에 제가 말씀드린바 "괴로움을 견디느라 그다지 유쾌하지 못한 공부"를 해 나가는 것과 서로 보완이 됩니다. 그러므로 이 둘 중에 어느 하나라도 빼놓아서는 안 될 것입니다. 이 때문에 「학기」(學記)에는 "공부를 하다가 이따금 쉬기도 하고 노닐기도 한다"라는 말이 있고, 「숙흥야매잠」(夙興夜寐箴)에도 "글을 읽고 남는 시간에 가끔씩 노닐면서 정신을 풀어 주고 정서를 함양하라"라고 했으니, 이 말은 모두 이런 뜻입니다.

그렇다고 해서 공부하는 사람더러 태만하고 방종한 데로 빠지라는 건 아닙니다. 그게 아니라 다만 마음을 비우고 깊이 사색하여 기분을 즐겁게 하고, 속에 맺히고 꽉 막힌 것을 풀어 주고 뚫어 버려, 몸과 기운을 조화롭게 하라는 것이지요.

이렇게 하면 하늘을 우러러보고 땅을 굽어보며 좌우를 돌아볼 때, 그리고 자유롭게 노닐면서 마음이 흡족하게 푹 젖어 들 즈음에, 예전에 고생고생하면서도 터득하지 못했던 것이 또 왕왕 자기도 모르는 사이에 저절로 눈앞에 훤히 떠오릅니다. 주자(朱子: 송나라 학자 주희)의 시(詩)에 "깊은 근원은 바로 한가한 가운데서 터득되고, 신묘한 작용은 원래 즐거운 곳에서 생겨난다네"라는 구절이 있는데, 이 구절도 이런 뜻입니다.

대저 한가한 가운데서 터득한 깊은 근원과 즐거운 곳에서 생겨난 신묘한 작용이, 어찌 그 이전에 고생해 가면서 꾸준히 쌓아 올린 공부가 없이 하루아침에 거저 터득되고 거저 생기겠습니까? 오랫동안 공부를 하여 두껍게 쌓아 올렸기 때문에, 터득한 것과 생겨난 것이 깊고 무궁무진한 것입니다.

지금 그대의 편지를 보니, 이제 겨우 공부를 시작했으면서 대번에 눈에 띄는 성과를 내서 기쁘고 즐거운 맛과 안정된 효과가 있기를 바라고 있더군요. 그리고 공부를 하는 데 공력이 많이 들어가고 참고 견디기 어려운 것을 괴롭게 여겨, 자신의 타고난 자질이 좋지 않다며 그리로 책임을 돌리고 있더군요.

이런 그대의 편지에는, 너무 빨리 앞서 나갔다가 이내 빨리 물러날 조짐이 있는 듯합니다. 비유하자면 깊은 우물을 파는데, 이제 겨우 몇 번 삽질을 했으면서 맑은 물이 펑펑 솟아나기를 기대하고, 그렇게 되지 않으면 실망해서, 벌써 몸이 피곤하다는 둥, 힘이 다해 지쳤다는 둥 불평하는 것과 같습니다.

낑낑대며 노력을 해서 깊이 팠는데도 물이 나오지 않더라도 포기하지 말고 기어이 물이 나올 때까지 끝까지 파내려가 우물을 완성해 내는 것이 어찌 어려운 일이 아니겠습니까. 먼저 이러한 병통을 제거해야 비로소 공부를 할 수 있습니다. 그러니 부디 더더욱 자기 잘못을 고치고 노력해 주신다면 매우 다행이겠습니다.

이함형에게 보낸 답장의 일부이다. 휴식은 부단한 노력을 전제로 하므로, '부산함'은 물론 '태만함'과도 다르다. 휴식은 어떤 여유와 사색의 공간을 제공함으로써, 그동안 축적한 공부를 더 깊고 풍부하게 해 준다. 여기에 비춰 보면 오늘날에는 진정한 휴식이 없거나 부족한 것일지도 모른다. 「학기」는 『예기』(禮記)의 편명이다. 「숙흥야매잠」은 학문과 수양에 대한 경계의 글로, 송나라 학자 진백(陳栢)이 지었다.

남을 평가할 때는

    삼가 목욕재계하고 두 번 절하고 아룁니다. 일전에 안기(安奇: 안동의 역 이름)의 찰방(察訪: 역에 배치된 지방관)이 찾아와 상공(相公: 재상을 높인 말)의 소중한 편지를 전해 주기에 황송한 마음으로 삼가 읽고, 일 때문에 많이 바쁘신 가운데도 신(神)이 상공을 도와주어 일상생활에 만복(萬福)이 깃든 줄 알 수 있었습니다. 경사스러운 마음을 금할 길 없습니다.

    제가 작년에 서울에 왔을 적에 상공 댁을 한 번 찾아갔지만 상공을 뵙지 못했습니다. (…중략…) 그랬는데 지금 상공께서 덕과 위엄을 낮추시어 먼 곳에서 욕되이 저 같은 사람에게 손수 편지를 적어 보내 주시어, 겸손한 마음으로 저를 이끌어 주시고 더욱더 저를 격려해 주시니, 성대한 덕으로 남을 대하는 상공의 너그러움을 더더욱 우러러보게 됩니다. 상공의 너그러움은 저 같은 소인(小人)이 엿보거나 헤아릴 수 있는 것이 아닙니다.

    하지만 제가 예전에 들으니 옛말에 "현명한 임금은 한 번 찡그리고 한 번 웃는 것도 신중하게 해야 한다"라고 합니다. 그런데 현명한 임금만 그래야 하는 게 아니지요. 재상(宰相)이라면 더더욱 이 경계(警戒)의 말을 가슴에 간직해 두어야 합니다.

재상이 당대(當代)의 인물에 대해 한마디 말로 인정해 주는 것이 화려한 곤룡포(袞龍布: 임금의 옷)보다 영예로우며, 한마디 말로 배척하는 것이 부월(斧鉞: 형벌을 뜻함)보다 엄중합니다. 만약 그 사람이 실제로 어떤 인물인지 가리지 않고 구차하게 그 사람을 인정해 주거나 배척한다면, 어찌 한 번 찡그리고 한 번 웃는 것을 신중하게 하는 도리가 되겠습니까?

게다가 제가 매우 어리석고 비루하다는 것은 예전에 이미 남김없이 드러났는데, 하루아침에 저를 분에 넘치게 인정해 주신 것이 한두 글자에 그치지 않으니, 이러고서야 어떻게 이 세상의 인재를 분발시켜 그들로 하여금 자신의 능력을 펼치게 할 수 있겠습니까?

1559년 59세 때 그 당시 우의정이었던 이준경(李浚慶, 1499~1572)에게 보낸 답장의 일부이다. 재상 운운한 것은 이 때문이다. 아마 이준경이 퇴계를 칭찬했던 모양이다. 이 글은 거기에 대한 겸손한 사양의 뜻을 담고 있다. 그 의미를 좀 더 넓혀 보면, 윗사람은 남에 대한 평가를 신중히 해야 한다는 뜻으로도 받아들일 수 있다. 인정해야 할 사람을 배척하거나 하면 그 피해가 적지 않기 때문이다.

한 수를 잘못 두면

그대는 바둑 두는 사람을 보지 못했습니까? 한 수를 잘못 두면 판 전체를 망치지 않던가요? 지금 일각에서는 헛된 명성이 있는 사람을 등용하여 일시적으로 이목을 끌고자 하지만 실질적인 효과는 없습니다. 이것이 바로 한 수를 잘못 둔 것입니다. 그러니 어찌 판 전체를 그르치지 않을까 근심하지 않을 수 있겠습니까?

더구나 근래에 선비들이 화를 입은 것은 대체로 수를 잘못 두었기 때문입니다. (……) 제 생각은 이렇습니다. 기묘년(己卯年: 1519년)에 앞장서서 개혁을 주장한 선비는 학문을 연마하다 아직 완성하지는 못한 상태였습니다. 그런데 그는 갑자기 대단한 명성을 얻고 나서는 대번에 세상을 경영하고 백성을 구제하겠노라고 자부했지요. 임금님도 그가 명성이 높은 것을 좋게 생각하시어, 그를 두텁게 신임하셨고요. 그러니 이것이 바둑으로 치면 수를 잘못 두어 일을 망치는 길이 아니고 무엇이겠습니까?

게다가 새로 정계(政界)에 진출한 선비들 중에 일 벌이는 것을 좋아하는 사람이 많았습니다. 그들이 정신없이 일을 일으켜 실패를 재촉한 바람에, 참소하는 사람이 농간을 부리게 된 것입니다. 아마도 이것이 그 뒤를 이은 사람들이 가장 경계해야 할 일이 되어야 마땅할 성싶습니다. 그러니 소홀히 할 수 있겠습니까?

1566년 66세 때 제자 박순(朴淳, 1523~1589)에게 보낸 답장의 일부이다. '기묘년에 개혁을 주장한 선비'는 조광조(趙光祖, 1482~1519)이다. 그는 사림파(士林派)의 지도자이다. '사림파'는 지방의 신진 관료 세력으로, 중앙의 귀족화된 관료 세력인 '훈구파'(勳舊派)와 첨예한 대립을 이루었다. 그는 성리학에 입각한 이상주의적 정치를 추구하다가 훈구파에 의해 좌절되어 사형당했다. 이 글은 지식인으로서 사회에 어떻게 참여할 것인가 하는 물음 속에서 읽을 만하다.

명성을 훔친다는 것

"한평생 마음으로 사귀었으면서 여지껏 얼굴을 보지 못 했습니다. 하지만 이제 세상에 살 날이 얼마나 되겠습니까"라는 그대의 말에, 저는 하늘을 우러러보며 슬퍼하고 땅을 굽어보며 탄식하는 것을 그칠 수 없었습니다.

저는 오랫동안 의령(宜寧)으로 가지 못해 제 마음과 맞지 않은 점이 있었습니다. 하지만 제 몸과 세상이 서로 맞지 않고, 저도 이제 늙고 병든지라 이렇게 되고 말았습니다. 그래서 천 리 길을 찾아가려는 애초의 생각이, 결국 같은 세상에 함께 살면서도 서로 만나보지 못한다는 탄식으로 되고 말았습니다. 이런 것을 어찌 조물주의 처분에만 맡길 수 있겠습니까? 제가 약속을 저버린 것이 부끄럽고 부끄럽습니다.

보내 주신 편지를 보니, 학자가 명성을 훔치고 세상을 속인다는 논의가 있었습니다. 여기에 대해선 그대뿐 아니라 저 역시 걱정하고 있습니다. 그러나 다른 사람들더러 이렇게 하지 못하도록 꾸짖어 억제하려 하는 것도 쉬운 일이 아닙니다. 어째서 그럴까요?

원래부터 세상을 속이고 명성을 훔치려고 마음먹은 사람이야 말할 것도 못 되지요. 일단 이런 사람들은 놔두고 이렇게 한 번 생각해 봅시다. 대저 하늘은 사람에게 양심을 내려 주었습니다. 그래서 사람이면 누구나 똑같이 선(善)을 좋아합니다. 그러니 진심 어린 마음으로 배우기를 원하는 영재가 이 세상에 얼마나 많겠습니까? 만약에 우리가, 어떤 사람이 세상의 큰 잘못을 범했다는 이유로 그가 한 일을 모두 꾸짖어 그중에 훌륭한 일조차도 하지 못하도록 한다면, 이것은 천하 사람들이 선하게 되도록 가르치고 인도할 책임을 저버리는 것이 되고, 도(道)를 추구하는 길을 끊어 버리는 것이 됩니다. 이렇게 되면 우리가 하늘과 성인(聖人)에게 이미 무거운 죄를 얻게 되는데, 어느 겨를에 다른 사람이 세상을 속이고 명성을 훔치는 것을 걱정하겠습니까?

설령 남의 잘잘못을 낱낱이 따지고 꾸짖어 억제하려 하더라도, 사람의 자질은 만 가지로 다릅니다. 학생들이 처음 배울 때를 봅시다. 명민한 사람은 정해진 학업 과정을 건너뛰려고 합니다. 그 반면 둔한 사람은 머리가 꽉 막혀서, 자기가 배운 내용을 아예 이해하지 못하지요. 옛것을 흠모하는 사람은 겉으로 그런 척 꾸미는 것 같기도 하고, 포부가 큰 사람은 미친 것 같기도 합니다. 배우고 익힌 것이 아직 푹 익지 못한 사람은 위선적인 것처럼 보이기도 하고, 좌절했다가 다시 분발하는 사람은 남을 속이는 것처럼 보이기도 합니다. 처음에는 열심히 하다가 끝에 가서는 대충 하는 사람이 있는가 하면, 어렵다 싶으면 즉시 그만두 었다가 다시 시작하기를 되풀이하는 사람도 있습니다. 병통이 겉으로 드러난 사람도 있고 속에 숨어 있는 사람도 있지요.

사람들의 자질과 그에 따른 문제점은 이와 같이 일일이 다 들 수 없을 정도로 다양합니다. 마음을 한곳에 집중하고 최선을 다하지도 못하면서 학문을 이루려고 하는 사람에게도 정말이지 잘못이 없을 수 없습니다. 그러나 그 마음만큼은 가상하지요. 게다가 이들은 그나마 세상 사람들 중에서 일부분일 뿐이니, 어찌 세상을 속이고 명성을 훔친다고 그들을 싸잡아 배척할 수 있겠습니까? 그들 역시 함께 어울리며 힘써야 할 부류라 하겠습니다.

1564년 64세 때 남명 조식(南冥 趙植, 1501~1572)에게 보낸 답장의 일부이다. 명성을 훔치는 것은 본디 미워할 만한 짓이다. 하지만 그렇다고 너무 지나치게 이 문제를 따지다 보면, 오히려 훌륭한 일을 하려는 의지 자체를 꺾을 수도 있다. 명민한 사람, 노둔한 사람 등의 병통은 퇴계가 평소 많은 사람을 가르치면서 절실하게 체험한 것이다. 이들을 모두 감싸 주고 포용하여 잘 가르친 것에서 퇴계의 위대함을 엿볼 수 있다.

어떻게 공부할 것인가

배움을 권함

세월이 흘러가는 것이 준마가 달리는 것과 같으니, 서른이 되어도 뜻이 확고해지지 않으면 끝이다.

천지와 짝하여 사람이 되었으니 타고난 성품이 요순(堯舜)과 같지만, 자포자기하면 도리어 짐승과 같게 된다. 본디 갖고 있는 지극한 즐거움을 알지 못하고, 헤아릴 수 없이 커다란 간특함을 달가워하니, 어찌 가슴 아프지 않겠는가.

더구나 어버이 나를 낳아 기르시어 열 달 동안 그 피와 살을 나누었으며 삼 년이 되어서야 그 품에서 벗어났으니, 그 은혜를 갚으려 해도 실로 하늘처럼 끝이 없다.

아! 슬프다. 대부(大夫)의 후손이 반 양반 반 농민의 처지가 되어 천하게 농사일을 하게 되고 욕되이 군역(軍役)을 지게 되었으니, 사람들을 만날 때마다 비웃음을 당하고, 가는 곳마다 옳지 않은 일에 빠지게 되었다. 여기까지 말하매 그 슬픔을 감당할 수 있겠는가.

그대들은 지금 몇 살이고, 배움은 이제 어느 정도인가? 서녘 산의 해가 지금 거의 지려고 하는구나. 옛날 사람들은 책상자를 지고 천릿길을 마다않고 스승을 찾아 도(道)를 물었는데, 하물며 가까이에 스승이 있어서 쉽게 물을 수 있음에랴!

　글을 골똘히 읽지 않으면 아무리 생각을 해도 얻는 게 없고, 생각이 지극하지 못하면 이치를 드러낼 길이 없으며, 부지런히 글을 짓지 않으면 붓이 무뎌지고, 붓이 무뎌지면 아무리 좋은 생각이 있어도 표현하지 못한다. 골똘히 읽고 많이 쓰는 일을 끊임없이 해야 한다.

　천 길 되는 단단한 바위를 뚫으면 좋은 옥이 반드시 나올 것이고, 만 길 되는 깊은 못을 파면 맑은 샘이 기필코 펑펑 솟아날 것이다. 노력해야만 얻는 것이 있을 것이요, 게을러서는 이루어지는 일이 없을 것이니, 힘쓰고 또 힘쓸지니라.

　학문을 권한 글이다. '본디 갖고 있는 지극한 즐거움'은 인간이면 누구나 마음속에 지니고 있는 즐거움, 예를 들면 공부를 하거나 착한 일을 할 때 느끼게 되는 즐거움을 말한다. 대부의 후손이 반 양반 반 농민의 처지가 되어 농사를 짓게 되고 군역을 지게 되었다는 것은, 퇴계의 제자가 시골에서 이런 딱한 처지로 살아가는 것을 안타깝게 여긴 말이다.

먼저 폭넓게 배우고

먼저 폭넓게 배우고 그런 다음에 핵심을 간추린다는 것은, 공자(孔子)·안자(顏子)·자사(子思)·맹자(孟子)가 모두 그렇게 해야 한다고 말씀하셨으니, 본래 안 되는 건 아닙니다. 다만 그분들은 혹시라도 단지 폭넓게 배우기만 하고 핵심을 간추리는 데로 돌아가지 않는다면, 비유하면 말을 타고 내달려서 너무 멀리 나갔다가 되돌아오지 못하는 것과 같은 폐단이 있을까 염려했기 때문에 이런 말씀을 하신 것입니다.

만약 폭넓게 배운 다음에 간추려서 핵심으로 돌아가야 한다는 가르침을 근본으로 삼고 자신의 뜻을 정하여, 그저 폭넓게 배우기만 하는 것으로 그치는 잘못에 빠지지 않는다면 정말 훌륭하지요. 다만 염려되는 것은, 공부를 막 시작한 데서 진리의 일부분만 겨우 엿보았으면서, 간단하게 빨리 터득했다고 스스로 좋아하여 자부하고 자만한 나머지, 다양한 글을 폭넓게 배우는 일에 다시는 뜻을 두지 않다가, 결국 잘못된 학문에 빠졌으면서도 스스로 깨닫지 못하는 것입니다. 이 또한 크게 경계하지 않으면 안 됩니다.

1570년 70세 때 제자 허봉(許篈, 1551~1588)에게 보낸 답장의 일부로, 독서에 대한 질문에 대답한 것이다. 허봉은 허균(許筠, 1569~1618)의 형이다. 퇴계는 핵심을 간추리는 것도 중요하지만 너무 성급하게 그러는 것도 금물이라고 조언한다. 아직 폭넓게 배우지 못한 상태에서 조급하게 그러다 보면 결국 자신이 파악한 진리의 '일부'를 '전체'로 착각할 위험이 높기 때문이다.

진리를 탐구하는 방법

　진리를 탐구하는 방법은 여러 가지이므로 어느 한 가지에만 얽매여서는 안 됩니다. 여기 어떤 사람이 있다고 칩시다. 그가 어떤 일에 대해 깊이 생각하다가 잘 안 되면 곧바로 싫증 내어 다시는 깊이 생각하지 않는다면, 이런 사람을 두고 미적미적 시간이나 보내면서 회피하고 있다고 말해도 괜찮겠지요. 그렇지 않고 어떤 일에 대해 깊이 생각하긴 하는데, 이리저리 뒤엉켜서 복잡한 곳을 만나 아무리 머리를 쥐어짜도 통 알 수 없거나, 자신의 타고난 성품이 어쩌다 이런 데 어두워서 억지로 밝혀내기 어려울 때에는, 우선 이 일은 그냥 놔두고 방향을 바꾸어 다른 일에 대해 탐구하는 것이 좋습니다.

　이렇게 탐구하고 또 탐구해 나가다 보면, 생각이 쌓이고 깊어지고 푹 익어서, 자연히 마음이 점점 밝아지고 의리의 실체가 점점 눈앞에 드러나게 됩니다. 그때 가서 전번에 궁구하지 못했던 것을 다시 집어내어 곰곰이 생각하여, 이미 궁구한 도리와 맞추어 보고 비추어 본다면, 전날 궁구하지 못했던 것까지도 자기도 모르는 사이에 동시에 밝게 깨닫게 될 것입니다. 이것이 바로 생각이 막혔을 때 유용한 방법이니, 깊이 생각하다가 안 된다고 그냥 내버려 두라는 말이 아닙니다.

(…중략…)

이치는 알기가 어려운 게 아니라 행하기가 어려우며, 행하기가 어려운 게 아니라 오랫동안 노력하여 참되게 쌓는 게 더욱 어렵습니다. 이 점은 노쇠하고 재주 없는 저 같은 사람이 깊이 두려워하는 것이기도 하지만, 당신처럼 훌륭한 사람을 위해서도 두려워하지 않을 수 없는 것이기도 합니다.

1558년 58세 때 율곡 이이(栗谷 李珥, 1536~1584)에게 보낸 답장의 일부이다. 사고의 유연성을 강조했다. 유연한 사고는 경직된 사고와 반대된다. 경직된 사고는 한 가지 방법을 고집하다가 결국 진리에 도달하지 못한다. 그 반면 유연한 사고는 그런 고집을 버리고 새로운 방향의 길을 찾아감으로써 끝내 진리에 도달한다. 경직된 사고가 죽은 생각이라면, 유연한 사고는 살아 있는 생각이다.

독서의 방법

그대가 자신의 입장을 변론하고 저를 깨우쳐 주신 글을 보니, 굉장한 논의가 끊이지 않고 나오더군요. 평범한 생각을 훌쩍 뛰어넘은 그대의 폭넓고 드높은 식견에, 저같이 소견 좁은 사람은 도저히 미칠 수 없구나 하는 탄식을 금할 길이 없었습니다. 하지만 제 견해 중에 의심의 여지가 있을 수 없는 것에 대해서는 이미 삼가 예전에 자세하게 말씀드렸습니다. 그런데 그대는 다시 그 뒤를 이은 논의를 하시어 제 잘못을 깨우쳐 주시어 따끔하게 지적하고 바로잡아 주신 것이 더욱 더 간절하니, 저는 더더욱 군자가 남을 끝없이 사랑하는 성대한 은혜를 입었습니다.

(…중략…)

제가 독서하는 방법은 이렇습니다. 성현이 의리에 대해 말씀하신 것이 명백하게 드러난 경우에는, 그 명백한 것을 그대로 따라 연구하지 감히 경솔하게 은미한 데서 연구하지 않습니다. 그리고 성현이 의리에 대해 말씀하신 것이 은미할 경우에는, 그 은미한 것을 그대로 따라 탐구하지 감히 경솔하게 명백한 데서 탐구하지 않습니다. 심오하지 않고 얕은 경우에는 그렇게 얕은 대로 하지 감히 천착하여 심오하게 만들지 않으며, 심오하면 그 심오한 데로 나아가지 얕은 수준에서 그치지 않습니다. 성현이 따로따로 나누어 보여 준 곳은 저도 그렇게 나눈 대로 보되 한 덩어리로 종합하는 데 방해가 되지 않도록 하며, 성현이 한 덩어리로 합쳐서 설명한 곳은 저도 그렇게 한 덩어리로 보되 따로따로 나누어 분석하는 데 방해가 되지 않도록 합니다. 저는 이미 따로따로 나뉘어진 것을 제 사사로운 의견에 따라 여기저기서 끌어들여 멋대로 합쳐서 한 덩어리로 만들지도 않고, 한 덩어리로 합쳐진 것을 제 사사로운 의견에 따라 멋대로 찢고 쪼개어 따로따로 나누지도 않습니다.

　　오랫동안 이렇게 하다 보면, 조리 정연하여 어지럽힐 수 없는 곳이 있다는 것을 자연히 차츰차츰 알게 될 것입니다. 그리고 성현의 말씀은 경우에 따라 그때그때 설명한 것이어서 각기 해당하는 구체적인 상황이 있으므로, 일견 어떤 구절들이 서로 모순되어 보이더라도, 잘 생각해 보면 결국 서로 상충하는 곳이 없다는 것을 알 수 있을 것입니다. 이렇게 한 뒤에 혹 이것으로 자기 나름의 학설을 주장한다면, 본래부터 정해져 있는 의리의 본분에 거의 어긋나지 않을 것입니다. 그리고 설령 자신이 잘못 본 곳과 잘못 말한 곳이 있더라도, 다른 사람이 그 잘못을 지적해 주거나 자기 스스로가 그 잘못을 깨달아서 즉시 고친다면, 이 또한 정말 기분 좋은 일일 터이지요.

그러니 한번 자기의 소견이 생겼다고 해서 어찌 곧바로 자기 의견만 고집하고 다른 사람의 의견은 한마디도 수용하지 않을 수 있겠습니까? 또 어찌 성현의 말씀 가운데 자기 의견과 같은 것은 취하고, 자기 의견과 다른 것은 억지로 옳다고 우기거나 아니면 배척하여 그르다고 할 수 있겠습니까? 만약 이렇게 한다면 비록 그 당시에는 온 천하 사람들 중에 나에게 시시비비를 따질 수 있는 사람이 없을지 몰라도, 천년만년 뒤에 성현이 나와서 내 흠을 지적하고 내 병통을 꿰뚫어 보지 않으리라고 어찌 장담할 수 있겠습니까? 이 때문에 군자는 겸손한 마음을 갖고 말을 가려서 하며 올바른 도리를 행하고 선을 따르는 데 힘쓸 뿐, 감히 당장 어느 한 사람을 이기려는 계획을 할 수 없는 것입니다.

(…중략…)

저는 늙어서 이처럼 정신이 흐릿하니, 학문은 퇴보하고 사사로운 욕심이 우세하여 아무런 보탬이 되지 않는 말을 함부로 하여, 제가 훌륭하게 되도록 간절하게 격려해 주고 자상하게 인도해 주신 그대의 두터운 은혜를 저 스스로가 저버리지 않았는지 두려울 따름입니다. 부디 제가 주제넘게 말씀드린 것을 용서하시고 어진 마음으로 보아 주시기 바랍니다. 그렇게 해 주시면 다행이겠습니다.

기대승에게 보낸 답장의 일부로, 그의 문제점을 지적한 부분이다. 독서는 일종의 대화이다. 그러니 자기의 주관적인 생각을 일방적으로 덮어씌우려 들면 곤란하다. 그보다는 마음을 비우고 글의 결대로 읽어 나가는 것이 중요하다. 그런데 이게 잘 안 된다. 남을 이기고 자기를 드러내려는 마음 때문일 것이다. 이 점에서 독서도 결국 심성 수양의 하나가 된다.

공평한 마음가짐

요즘 사람들은 자기 스승과 그 학파를 최고로 높이는 데만 힘쓸 뿐입니다. 그래서 그 학설이 타당한지 따지지는 않고 그것을 세상에 과장해서 빛내려고만 듭니다. 요즘 사람들의 마음씀씀이는 이렇게 공평하지 못합니다. 하지만 보통 사람들도 속일 수 없는데, 더구나 후세에 참과 거짓을 꿰뚫어 볼 수 있는 안목을 갖춘 사람이 어째서 없겠습니까? 이것이야말로 매우 두려워할 만한 일입니다.

남언경(南彦經, 1528~1594)에게 보낸 답장의 일부이다. 그는 화담 서경덕(花潭 徐敬德, 1484~1546)의 제자로, 학문적으로 퇴계와 다른 견해를 가졌다. 본문에서 후세 사람의 눈으로 지금의 나를 보는 태도가 주목된다.

글을 읽을 때에는

주자(朱子)가 자기 제자에게 이렇게 말한 적이 있습니다. "글을 읽을 때에는 차라리 엉성하게 할지언정 교묘하게 하지 말며, 차라리 소략하게 할지언정 너무 치밀하게 하지 마라." 교묘한 것은 진실로 병통이 되겠지요. 그런데 치밀한 것은 무슨 병통이 되길래 주자가 아울러 경계한 것일까요? 지금 그대는 의심하지 말아야 할 부분에서 억지로 의심거리를 만들어 냈습니다. 그래서 제가 아무리 반복해서 설명해 드려도 그대는 오히려 잘 이해하지 못하고 있지 않습니까? 이것이 바로 글을 너무 치밀하게 읽는 것의 병통입니다. 부디 잘 생각해 보시기 바랍니다.

제자 우성전(禹性傳, 1542~1593)에게 보낸 답장의 일부이다. 공부를 할 때, 질문이 없는 것도 문제이지만 무분별하게 질문하는 것도 문제이다. 긴요한 질문을 가려서 할 필요가 있는 것이다. 억지로 의심거리를 만들어 내는 것은, 결국 자기 머릿속에 일종의 허깨비를 만들어 놓고 그것과 싸우는 것이 아닌가 한다.

조급한 마음의 병통 1

지금 경소(景昭: 퇴계의 6촌 이문곡)를 통해, 그대가 산에서 돌아왔다는 것을 알게 되었습니다. 조용한 곳에서 성리학(性理學) 서적을 읽고 터득한 것이 많겠지요? 책상을 맞대고 잘 모르겠거나 의심스러운 것을 함께 토론하고 연구하지 못해 아쉽습니다.

(…중략…)

그대는 변치 않는 자세로 학문을 하는군요. 다만 그대는 늘 조급하게 서둘러요. 그래서 공부를 얼마만큼 하면 거기에 상응하게 어떠어떠한 효과가 생겨야 한다고 미리 딱 정해 놓고 기대하며, 인위적으로 조정하고 억지로 끼워 맞추려는 생각을 가지고 있지요. 이것이 바로 연평(延平)이 말씀하신바 "한 덩어리의 사사로운 마음이 쌓여 있다"라는 것이며, 또한 맹자가 말씀하신바 "곡식이 빨리 자라나라고 도운답시고 그 싹을 뽑아 올려 도리어 곡식을 죽인다"라는 것과 같은 폐단입니다. 그렇게 되면 공부를 하고자 하는 동기가 아무리 훌륭할지라도 마음에 굉장히 해로울 것입니다.

더구나 그대에게는 마음의 병이 없지 않으니, 그대는 더더욱 이 점을 깊이 경계하셔야 할 것입니다. 이 때문에 제가 감히 말씀드리는 것입니다. 하지만 예전에 이런 병통이 있었던 사람은 바로 저 자신인데 이런 말씀을 드리다니 우습군요.

정유일에게 보낸 답장의 일부이다. 조급하게 굴면 일을 그르친다. 그뿐만이 아니다. 잘해 보려는 마음에서 시작했지만 결국 그 마음까지 해치게 된다. 하지만 조급한 마음 없이 꾸준하고 성실하게 학문을 해 나가기란 말처럼 그리 쉽지만은 않아 보인다. 이 점에서 학문은 자기를 덜어 가는 과정일 것이다.

조급한 마음의 병통 2

보내온 편지에 "예전에 배운 것을 복습하기만 한다면 지금 새로 글을 읽는 데 방해가 될 것입니다"라고 되어 있던데, 이것은 학문을 어서 빨리 이루고자 하는 욕심 때문에 그런 것 아닙니까? 빨리 이루고 싶기 때문에 예전에 배운 것을 익힐 겨를이 없고, 그뿐만 아니라 지금 새로 읽고 있는 글도 정밀하고 익숙하게 공부할 겨를이 없게 되고, 그래서 늘 마음이 조급해져서 항상 어딘가에 쫓기는 듯하고, 그 결과 원래는 다양한 책을 폭넓게 읽고자 했지만 정작 글에 대한 이해가 거칠고 엉성하여 무엇을 읽었는지 도로 잊어버리게 되고, 그래서 마침내 아예 책 한 권도 읽지 않은 사람과 별로 다르지 않게 되는 법입니다. 요즘 공부하는 사람들을 보면 매양 이런 병통에 빠져 있으니, 이렇게 한들 결국 무슨 학문을 성취할 수 있겠습니까?

제자 김부륜(金富倫, 1531~1572)에게 보낸 답장의 일부이다. 그는 아마 이미 배운 글을 다시 익히기보다는 새로운 글을 읽고 싶었나 보다. 여기에 대해 퇴계는 그 조급한 마음가짐이 문제라고 지적하고 있다. 글과의 '진정한 대면' 내지 '깊은 대화'를 중시해서였을 것이다. 오늘날의 정보량은 퇴계 당시와는 비교가 되지 않을 정도이다. 이런 상황에서 우리는 어떻게 글과 진정하게 대면할 것인가 하는 문제를 생각하게 하는 글이다.

조급한 마음의 병통 3

보내온 편지에 "몸과 마음을 단속할 때 기운이 부치고 정신이 피곤하니, 밤낮으로 노력하지만 어디서부터 손을 대야 할지 막막합니다"라고 그대의 고충을 솔직하게 말했더군요. 이건 다른 게 아니라 지난날에 그대가 비록 학문을 하고자 한다고 했지만 실은 공부를 한 적이 없어서입니다. 이제야 비로소 실제로 공부를 하고자 하니까 손발이 말을 듣지 않아 위태위태해서 마음과 이치가 서로 어긋나고 기운과 습관이 서로 따르지 않는 것입니다. 그러니 그대가 근심스럽다고 한 것이 뭐가 이상하겠습니까?

대저 보통 사람들이 학문을 하다가 매번 이루지 못하는 것은, 학문이 어려운 줄을 일단 깨닫고 나면 결국 중단하여 다시는 하지 않기 때문입니다. 만약 공부를 꾸준히 해 나가면 결국 학문을 이룰 수 있다는 것을 의심하지 않고 공부를 중단하지 않을 수 있다면, 그리고 학문을 빨리 이루려고 하는 욕심에 지나치게 조급하게 굴지도 말고, 너무 많이 후회하다가 마음이 흔들리도록 하지도 말며, 오랜 시간을 두고 연구하고 실천하여 차츰차츰 익숙해지도록 한다면, 공부한 것이 어떤 의미인지 저절로 풍부하게 이해되고 안목이 시원하게 트일 것입니다.

무릇 글을 읽고 이치를 탐구하는 데에는 어느 때건 어느 곳에서건 늘 공력을 들여야 합니다. 밤과 낮 이외에 공력을 들일 수 있는 곳이 달리 어디 있겠습니까? 예전에 주자(朱子)가 "공부를 하다가 굉장히 고생스럽고 힘든 곳에 이르러야만 좋은 소식이 온다"라고 말씀하신 적이 있는데 이것을 두고 한 말입니다.

『중용』에 대한 의문점을 질문하셨던데, 그 대답은 별도의 종이에 적어 두었으니, 다시 자세하게 살펴보시는 것이 좋겠습니다.

김이정(金而精: 퇴계의 제자 김취려)과 신계숙(申啓叔: 퇴계의 제자 신옥)도 편지를 보내왔는데 모두 잘 있다고 합니다. 김이정은 내려올 생각이라고 하는데, 어떻게 될지 아직 모르겠습니다. 한영숙(韓永叔: 퇴계의 제자 한수)이 병에 걸려 오랫동안 차도가 없다고 하니 매우 염려됩니다.

제가 청량산(淸凉山: 안동시 예안면 소재)에 못 가 본 지도 이제 7~8년이 되었습니다. 그 산골짜기의 안개와 노을이 꿈속에서나 펼쳐질 뿐입니다. 매번 그곳에 가고 싶다가도 하도 위험하다 보니 겁이 나서 그러지 못합니다. 산속에 있는 그대가 부러워서 서글픈 생각이 들 뿐입니다.

제자 이덕홍(李德弘, 1541~1596)에게 보낸 답장의 전문이다. 꾸준하게 노력하는 것이 중요하다는 말이다. 손발이 말을 듣지 않는다는 등등의 언급은, 무엇이 올바른 것이지 머리로는 알지만 막상 실행에 옮기려고 하면 잘 되지 않는 것을 말한다. 퇴계는 실천하는 것이야말로 진정한 공부라고 생각했다.

초지일관의 자세

산 밖에서 한번 이별한 뒤로 겨울 동안 소식이 막혔는데 홀연 그대의 편지를 받으니, 마치 책상을 사이에 두고 마주 앉아 흉금을 터놓으며 정답게 이야기를 나누는 것 같아서 기쁘기 그지없습니다. 그리고 그대가 산방(山房: 산속의 집이나 절)에서 조용히 지내면서 『주역』을 읽고 그 점괘의 의미를 음미한다고 하시니, 아마도 마음을 티 없이 깨끗하게 닦고 은미한 이치를 탐구하는 운치 있는 생활의 즐거움을 깊이 터득하셨겠지요? 보내주신 편지를 보고 그대가 반드시 그러리라는 것을 알 수 있었습니다.

저는 병에 시달리고 있습니다. 날마다 병이 더 심해져 문을 꼭 닫고 추위를 피하고 있으니, 오똑하게 앉아 있는 제 모습이 화로의 재와 다를 바 없습니다.

저는 『주역』이라면 예전에 공부했던 것도 잊어버렸고 그 새로운 의미도 밝혀내지 못했습니다. 그러던 터에 그대가 저를 분발시킨 덕분에 한번 그 의미에 대해 곰곰이 생각해 볼 수 있었습니다. 이것은 제 행운인데, 그대에게 무슨 도움이 되었다고 보내온 편지에서 그렇게 말씀하십니까? 무안할 지경입니다.

다만 독실한 마음으로 예전의 잘못된 습성을 깊이 뉘우치고 통절하게 징계하여 고치려고 하는 것을 보니, 그대의 이런 마음이 참 좋습니다. 참 좋아요. 하지만 일시적으로 자기의 허물을 뉘우치고 스스로 새롭게 하는 것이 어려운 게 아니라, 시종일관 변하지 않고 세상 풍파 속에서 우뚝하게 버티고 서 있는 게 어려운 것입니다. 그대같이 재주 있는 사람이 만약 이런 마음을 잘 다스릴 수 있다면 무엇을 배운들 이루지 못하겠습니까? 어찌 지금 시대의 유명한 학자가 될 뿐이겠습니까? 다만 근심되는 것은 금방 뜻을 세웠다가 도로 무너뜨려 시작만 있고 혹시라도 마무리가 없으면 어쩌나 하는 것입니다. 그렇게 되면 좋은 결실을 맺기 힘들겠지요.

저로 말하면 젊은 시절에 공부가 잘못되었는데, 그 잘못을 깨달았을 때에는 이미 의지가 꺾이고 힘이 빠졌으니, 무슨 성취가 있을 수 있겠습니까? 이 때문에 늘상 책을 어루만지며 길이 탄식하는 것입니다.

이 마을의 유생(儒生)들은 대부분 과거 공부를 하는지라 함께 『주역』의 이치에 대해 공부해 본 적이 없습니다. 그러던 터에 그대가 멀리 궁한 산골로 오셔서 누추한 저희 집을 찾아 주어, 제가 늘그막에 벗과 함께 공부하는 유익함을 누리도록 하셨으니, 이 의리를 어찌 잊을 수 있겠습니까? 그래서 저는 그대를 애

지중지하여 학문에 힘쓰라는 말씀을 여러 차례 드리는 것입니다.

　오는 초하루에 다시 찾아주신다고요? 저도 당신이 방문해주기를 매우 바라고 있습니다만, 이렇게 혹독하게 추운데 어찌 수고롭게 먼 걸음을 할 수 있겠습니까. 감히 바랄 수 없는 일입니다. (…중략…) 학문에 힘쓰고 자중자애하시기를 바라며 이만 줄입니다.

1556년 56세 때 제자 김명원(金命元, 1534~1602)에게 보낸 답장이다. 사람은 누구나 잘못을 저지른다. 하지만 후회하고 뉘우치기 때문에 새로운 출발을 할 수 있다. 그러나 시간이 지나면 애초의 그 절실했던 마음이 희미해지기 쉽다. 퇴계는 이렇게 되지 않도록 당부하고 있다.

엄격하면서도 너그럽게

어떤 제자가 이렇게 질문했다.

"책을 읽을 때에는 본디 독서 계획을 엄격하게 세워야 합니다. 그러나 꼭 이렇게 하려 한다면 혹시라도 조급하게 서두르는 마음이 도리어 우세해져, 글 속에 깊이 빠져 들어 충분히 음미하는 맛이 부족해질 수 있습니다. 그렇다고 해서 만약 이렇게 하지 않고 그날그날 힘닿는 만큼만 천천히 보고 자세하게 읽는다면, 또 세월아 내월아 하면서 범범하게 그럭저럭 지내려는 마음을 조장할 뿐입니다. 이 두 가지 경우 모두 일을 이룰 수 없으니, 어찌해야 하겠습니까?"

나는 이렇게 대답했다.

"독서 계획은 엄격하게 세우되 뜻은 너그럽게 두어야 합니다. 독서 계획을 엄격하게 세운다는 것은 많이 읽는 데 힘써야 한다는 말이 아니라, 자기 능력을 헤아려 거기에 맞게 계획을 세운 다음, 삼가 그 계획을 준수해야 한다는 말입니다. 뜻을 너그럽게 둔다는 것은 세월아 내월아 하면서 범범하게 지내야 한다는 말이 아니라, 조급해 하지 말고 마음을 비운 다음 요모조모 글을 음미하며 사색해야 한다는 말입니다."

1570년 70세 때 허봉에게 보낸 답장의 일부이다. 허봉의 질문과 퇴계의 대답을 함께 수록했다. 계획을 세우다 보면 의욕이 앞서기 쉽다. 그래서 자기의 능력을 잘 헤아리는 것이 중요하다. 그리고 글을 많이 읽으려 욕심을 부리다 보면 글을 충분히 음미하지 못하게 된다. 그래서 충분한 시간을 들여 깊이 생각하는 것이 중요하다. 그러나 욕심을 줄인다고 하다가 오히려 게을러지기 쉬운 것도 사람 마음이다. 퇴계는 이런 문제에 대해 조언하고 있다.

푹 익어야 맛이 있다

　무릇 글을 읽을 때에는 부지런히 힘써 푹 익게 하는 것이 으뜸입니다. 아무리 자세하고 분명하게 생각해서 질문한다 하더라도, 공부한 글이 입에 붙지 않고 마음에 푹 젖어 들지 않는다면 끝내 자기 것이 되지 못합니다. 그러면 무슨 소용이 있습니까? 그대들은 매양 푹 익히지 못해 곧바로 잊어버리는 병통이 있으므로 이렇게 말씀드리는 겁니다.

1566년 66세 때 이덕홍에게 보낸 답장의 일부이다. 글이 입에 붙지 않는다는 것은, 옛날에는 소리 내어 글을 읽고 외우는 것을 중시했기에 한 말이다. 이 경우 암송은 단순한 기계적인 암기와 다르며, 글을 내 몸속에 충분히 익히는 방법이 된다. 퇴계는 지식과 내가 완전히 융합되어 한 몸이 되는 것이 중요하다고 강조한다. 나와 한 몸이 된 지식은 단순히 머리로만 파악한 지식, 즉 나는 나이고 지식은 지식인 그런 지식과는 다를 것이다.

체험의 중요성

그대가 윤달 6월 16일에 부친 편지를 근래에 우리 아이가 서울에서 전해 왔습니다. 편지에서 서술한 것이 자상하고 자세하니 위로되고 감사한 마음을 이루 다 말씀드릴 수 없습니다. 또 그대가 이미 부친을 뵈러 가서, 서울에 계실 때보다 답장을 보내 드리기 더 어렵게 되었다고 여겼는데, 지금 또 봉화(奉化)에서 보내 주신 편지를 받았으니, 기쁘고 다행스럽습니다.

(…중략…)

학문을 논한 그대의 여러 가지 설(說)은 모두 자기 몸으로 직접 경험하여 실제로 병들어 아픈 곳을 익히 안 데서 나왔으니, 보지도 않고 헤아리거나 아프지도 않은데 신음하는 것과는 완전히 다르군요. 이런 마음을 계속 유지하여 오래도록 그만두지 말아서 마음이 순수해지고 지식이 푹 익는 데 이른다면, 그대의 정신이 진리와 완전히 합일되어 티 없이 맑고 초탈한 경지에 도달하게 될 것이고, 몸속에 가득하던 속된 생각들이 굳이 씻어 낼 필요도 없이 저절로 흔적도 없이 사라지게 될 것입니다.

1570년 70세 때 제자 서애 유성룡(西厓 柳成龍, 1542~1607)에게 보낸 답장의 일부이다. 체험이란 '나'를 적극 개입시키는 행위이다. 그렇게 해서 진리를 자기 몸으로 터득하는 것이 중요하다는 뜻으로 받아들여진다. 부친을 뵈러 갔다는 것은 1569년에 유성룡이 휴가를 받아 청주(淸州)의 임소에 있는 부친을 찾아간 것을 말한다.

학문을 하려는 젊은이에게

마음의 병이 생기는 이유는 이렇습니다. 이치를 투철하게 살피지 못하다 보니 억지를 부리게 되고, 억지를 부리다 보니 엉뚱한 곳에서 이치를 찾으려 들게 되고, 마음을 잡는 방법을 잘 알지 못하다 보니 조급하게 굴게 되고, 그러다가 도리어 마음을 해치게 됩니다. 이렇게 해서 마음의 병이 생깁니다. 그래서 자기도 모르는 사이에 마음을 괴롭게 하고 힘을 있는 대로 몽땅 쏟아 내다가 끝내 이 지경에 이르고 만 것입니다. 이 또한 공부를 처음 시작하는 사람들의 공통된 문제점이지요.

(…중략…)

평소 제 병의 근원도 모두 여기에 있었습니다만, 마음의 병은 예전보다 나아졌습니다. 하지만 다른 병은 매우 심하니, 그것은 이제 저도 늙었기 때문입니다. 당신 같은 청년은 기운이 왕성하니, 초기에 얼른 병을 고쳐서 올바른 방법으로 몸과 마음을 잘 다스린다면 어찌 끝내 마음의 병으로 고생하겠으며, 또 어찌 다른 증상이 끼어들겠습니까?

당신이 예전에 학문하던 것을 살펴보면, 이치를 탐구할 때에는 너무 난해하고 심오하고 오묘한 데로 빠져 들었고, 힘써 실천할 때에는 자부심을 가지고 너무 서두르는 폐단을 면하지 못했더군요. 그래서 억지를 부리고 조급해진 결과 이미 병의 근원이 생겼는데다가, 다시 불행한 일까지 겹쳐서 병이 점점 심각하게 되어 버렸습니다. 어찌 이 점을 생각하지 않을 수 있겠습니까? 이런 마음의 병을 다스리는 방법은 당신이 스스로 깨달아야 할 것입니다.

우선 세상의 곤궁함과 형통함·잘잘못·영예로움과 모욕됨·이익과 손해를 일체 도외시하여 마음에 두지 마십시오. 이런 마음을 다스리고 나면, 아마도 근심 걱정 중 열에 여섯 일곱은 사라질 것입니다. 이렇게 하고 나서 모든 일상생활의 잡다한 일을 줄이고 기호(嗜好)와 욕심을 절제하여, 마음을 비우고 한가롭게 하며 편안하고 유쾌하게 하여 근심을 풀어 버리십시오. 그림이나 화초를 감상하거나, 시내의 물고기와 산속의 새를 구경하는 것과 같이, 진실로 자기 마음을 즐겁게 해 줄 수 있는 것과 자신의 정서에 맞는 것은 싫증 내지 말고 늘 접하도록 하십시오. 그렇게 해서 항상 심기를 순탄하게 하여, 울화가 치밀어 성나지 않도록 하십시오. 이것이 긴요한 방법이 됩니다.

책을 볼 적에는 마음을 괴롭게 하는 데까지 이르지 않도록 하십시오. 많이 보는 것은 절대 금물입니다. 다만 편안한 마음으로 글을 읽어 가면서 거기에서 우러나오는 맛을 좋아해야 합니다. 이치를 탐구하는 것은 모름지기 일상생활의 평이하고 명백한 곳에 나아가 이치를 꿰뚫어 보고 익숙하게 하며, 자기가 이미 알고 있는 것에 푹 젖어 들어 그 의미를 충분히 음미해야 합니다. 오직 지나치게 마음을 두는 것도 아니고, 그렇다고 해서 아예 마음을 두지 않는 것도 아닌 적절한 선에서 잘 살펴보고 잊지 말아서, 오랫동안 학문을 쌓다 보면 저절로 나 자신과 진리가 혼연일치되어 이치를 터득할 수 있을 것입니다.

1556년 56세 때 남언경에게 보낸 답장의 일부이다. '불행한 일'이란 그의 학문적 동지이자 아내의 오빠, 즉 처남인 홍인우(洪仁祐, 1515~1554)가 죽은 뒤로 한 해 동안 여섯 번이나 한 집안에 초상이 난 것을 가리킨다. 어려운 공부를 하다 보면 몸도 마음도 굳어지기 쉬운데, 불행한 일까지 겹쳐 남언경은 마음의 병을 얻은 것으로 보인다. 이런 그에게 퇴계는 자연 속에 노닐면서 우울한 기분을 풀고 심성을 도야하는 것이 중요하다고 말한다.

남의 의견을 수용하는 자세

　장기(瘴氣: 습한 곳의 독기)가 서린 바닷가의 기후가 습하고 나쁠 텐데 건강은 어떠신지요? 그대가 너무나 그리운 나머지 제 마음은 늘 그대를 향해 치달립니다.

　변변치 못한 저는 해마다 질병이 더 심해져서, 최근 8~9년간 외직(外職: 지방에서 근무하는 관직)을 청하여 시골에 가서 산골에서 지내는 것을 본분으로 삼고 있었습니다. 그런데 뜻밖에 다시 임금님의 은혜를 입어 서울에서 벼슬살이를 하게 되었습니다. 그래서 억지로 병든 몸을 이끌고 서울로 와서 어영부영 지내다 보니 이제 어느덧 3년이 되었네요.

　저의 벗 한두 사람이 그대의 아우랑 가까이 살고 있는 덕에 저도 그 편으로 그대의 소식을 전해 듣고 기뻐하며 다행이라고 여겼습니다. 제 형편이 안부 편지 한 통 못 보낼 정도는 아니었는데 미적거리다 보니 그러지 못했습니다. 매우 부끄럽습니다.

　(…중략…)

　옛날 정 선생(程先生: 송나라 학자 정이)은 『역전』(易傳)을 완성한 뒤 "아직 조금이라도 더 나아졌으면 한다"라고 하면서 오랫동안 내놓지 않았습니다. 주자(朱子)는 『장구』(章句)와 『집주』(集註)를 완성한 뒤에 평생토록 스스로 뜯어고친 것이 얼마나 되는지 알 수 없을 정도였는데, 그 당시에 제자들과 친구들이 의문을 제기하고 잘못을 지적하여 바로잡아 준 덕분에 고칠 수 있었던 것이 적지 않았습니다. 이렇듯 이 두 분이 자기의 사사로운 견해를 내세우지 않고 여러 사람의 좋은 의견을 잘 모았기 때문에, 천하 만세토록 다른 사람들이 이 책을 두고 이러쿵저러쿵 따질 수 없게 되었습니다. 이런 까닭에 훌륭한 학자의 업적이 눈부시게 빛나고 위대해진 것입니다.

우리나라에는 성리학을 잘 강론하는 사람이 참으로 드뭅니다. 그와 관련된 저술도 거의 없거니와, 간혹 있더라도 모두 결함이 있어서 사람들 마음에 들지 않습니다. 이것은 다름 아니라 어렴풋한 견해를 가지고 곧장 너무 지나치게 자기 학설을 주장하기 때문이지요.

(…중략…)

옛날 사람들은 의리의 무궁함을 정말로 참답게 보았기 때문에, 마음을 비우고 진리를 탐구하는 마음도 무궁했던 것입니다.

제가 그대에게 기대하는 것도 이 때문입니다.

저는 이번 가을에 휴가를 얻어 영남에서 성묘할까 합니다. 언제 서울로 돌아갈지는 아직 모르겠습니다. 그렇기는 하지만 만약 그대가 욕되이 답장을 보내 주시고자 한다면, 그대 아우를 통해 제 벗에게 전달하여 부친다면 아무리 천 리 멀리 떨어져 있더라도 받아 보지 못할 염려는 없을 것입니다.

드리고 싶은 말씀이 많았는데 낱낱이 말씀드리지 못했습니다. 아무쪼록 건강에 각별히 유의하시기를 바라며 이만 줄입니다.

1554년 54세 때 후배 학자 소재 노수신(蘇齋 盧守愼, 1515~1590)에게 보낸 편지의 일부이다. 그는 1547년 순천(順天)으로 유배 갔다가 진도(珍島)로 옮겨 19년간 유배 생활을 했다. 본문에서 바닷가 운운한 것은 이 때문이다. 유배 기간 동안 그는 퇴계와 편지를 주고받으면서 학문에 대해 토론했다. 이 글은 그중 하나로, 알면 알수록 조심스러워지고 모르면 모를수록 과감하거나 무모해지는 법이 아닌가 반성하게 한다. 『역전』·『장구』·『집주』는 모두 유교 경전의 해석서이다.

산수 유람의 즐거움

도산에 사는 즐거움

　영지산(靈芝山: 경상북도 안동시 소재) 한 가닥이 동쪽으로 뻗어 도산(陶山)이 되었다. 어떤 사람은 "이 산이 두 번째로 이루어졌기 때문에 도산이라고 이름 지은 것이다"라고 하고, 또 어떤 사람은 "예전에 이 산속에 도자기 굽는 가마가 있었기 때문에 그 실상을 가지고 이름 지은 것이다"라고 한다.
　산은 그다지 높거나 크지는 않다. 하지만 이 산은 탁 트인 곳에 자리 잡아 우뚝하게 있으면서 외지지 않아, 그 곁의 산봉우리와 계곡이 모두 이 산에게 공손히 인사하면서 이 산을 감싸고 있는 것처럼 보인다.
　산의 왼쪽에는 동취병(東翠屛)이 있고, 산의 오른쪽에는 서취병(西翠屛)이 있다. 동취병은 청량산으로부터 도산의 동쪽으로 온 것인데, 쭉 이어진 산봉우리가 아득하다. 서취병은 영지산으로부터 도산의 서쪽으로 온 것인데, 높이 솟아오른 산봉우리가 우뚝하다. 동취병과 서취병은 서로 바라보고 있다. 여기서 남쪽으로 8~9리쯤 구불구불 뻗어 가다 보면, 동쪽에 있던 것은 서쪽이 되고 서쪽에 있던 것은 동쪽이 되어, 푸르른 남녘 들판 밖에서 합쳐진다.

계천으로 말하면, 산 뒤쪽에는 퇴계(退溪)가 있고, 산 남쪽에는 낙천(洛川)이 있다. 퇴계는 산 북쪽을 돌아나와 산 동쪽에서 낙천과 합류한다. 낙천은 동취병에서 서쪽으로 내달리는데, 산 발치에 다다르면 맑은 물이 넘실거린다. 그 물이 깊어서, 그곳에 배를 띄워 그 물결을 거슬러 몇 리 올라가거나 그 물결을 따라 몇 리 내려갈 수 있으며, 금 같은 모래와 옥 같은 자갈이 깔려 있어 맑고 투명하며 퍼렇고 서늘하니, 이것이 곧 탁영담(濯纓潭)이다.

(…중략…)

나는 오래 묵은 병으로 늘 고생하고 있는 몸이라, 비록 산에서 은둔한다고 해도 마음껏 독서하지는 못한다. 하지만 마음속의 근심을 풀고 호흡을 조절하여 신체를 단련하다 보면, 때때로 몸이 가볍고 편안해지며 마음과 정신이 맑고 깨끗해져서, 우주를 우러르고 굽어보는 사이에 계속 감회가 생기게 된다.
　그럴 때면 나는 책일랑 덮어 두고 지팡이 짚고 나가 연못을 구경하기도 하고 꽃과 나무를 심어 놓은 동산을 찾아가기도 하며, 조그만 밭에 약초를 심기도 하고 숲속을 다니며 향기로운 꽃을 따기도 하며, 어떨 때는 바위에 앉아 샘물로 장난을 치기도 하고 누대에 올라 구름을 바라보기도 하며, 어떨 때는 연못가의 돌 위에서 물고기를 구경하기도 하고 배를 타고 갈매기와 어울리기도 한다.

이렇게 마음 가는 대로 돌아다니면서 눈길 닿는 것마다 흥취를 느끼고, 만나는 경치마다 운치를 즐기다가 흥이 다해 집으로 돌아오면, 온 집 안이 고요하고 벽에 책이 가득하다. 책상 앞에 묵묵히 앉아 경건한 마음으로 연구하고 사색하다가 이따금 마음에 이해되는 것이 있으면 너무 기뻐서 밥 먹는 것도 잊게 되며, 이해되지 않는 것이 있으면 함께 공부하는 벗이나 제자에게 도움을 받는다. 그렇게 했는데도 터득하지 못하면 분발해서 노력하긴 하지만, 그렇다고 해서 억지로 통하려 하지는 않고, 이해가 가지 않는 것은 일단 한쪽 구석에 접어 두었다가, 이따금 다시 끄집어내어 마음을 비우고 곰곰이 생각하여, 의문이 스스로 풀릴 때까지 기다리니, 오늘도 이렇게 하고 내일도 이렇게 한다.

산새가 지저귀고 계절에 따라 꽃과 초목이 자라고 무성해지며, 바람과 서리가 싸늘하고 눈[雪]에 달빛이 엉겨 있는 것으로 말하면, 사계절의 경치가 수시로 변하며 그에 따라 운치도 끝이 없다. 대단히 춥거나 대단히 덥거나, 바람이 너무 세거나 비가 너무 많이 내리는 게 아니라면, 나는 나가서 자연 속에 노닐지 않은 때가 없고 노닐지 않은 날이 없다.

'나가서도 이렇게 하고 돌아와서도 이렇게 하니, 이것이 바로 한적하게 지내면서 요양하는, 아무런 쓸모 없는 일이다. 내 비록 옛날 사람의 경지를 엿볼 수는 없지만, 내 마음속에 스스로 즐겁고 기쁜 것은 얕지 않다.

(…중략…)

아! 나는 불행하게도 뒤늦게 먼 지방에서 태어나 촌스럽고 고루하여 별로 아는 것이 없지만, 유독 산림에 즐길 만한 것이 있다는 것은 진작부터 알았다. 그런데 중년에 망령되이 세상에 나가 세파(世波)에 시달리고 객사(客舍)를 전전하다가 하마터면 도산으로 돌아오기도 전에 인생을 마칠 뻔했다.

그후로 늙으면 늙을수록 병은 더욱 깊어지고 행동은 더욱 낭패를 보았다. 그리하여 세상이 설령 나를 버리지 않을지라도 나는 세상을 버리지 않을 수 없게 되었다. 그래서 나는 마침내 세상의 속박에서 벗어나 농사터로 돌아왔으니, 예전에 '산림의 즐거움'이라고 한 것이 기약하지 않고도 내 앞에 있게 되었다. 그러니 내가 이제 오래 묵은 병을 없애고 답답한 근심을 풀고 늘그막에 편안하게 지낼 만한 곳을 여기 말고 달리 어디에서 찾을 수 있겠는가?

비록 그러하나 산림에 즐거움을 붙인 옛날 사람들을 보면 역시 두 부류가 있으니, 세상의 굴레를 완전히 초월하여 무위자연(無爲自然)의 삶을 동경하고 추구하면서 인생을 즐긴 부류도 있고, 인륜과 도덕을 좋아하고 심성을 수양하면서 인생을 즐긴 부류도 있다. 첫 번째 부류는 더러 제 몸 하나 깨끗하게 하기 위해 인간의 윤리와 바른 도리를 어지럽히는 데로 흐르며, 심한 경우에는 사람과 함께 어울려 지내지 못하고 새와 짐승과 더불어 같은 무리를 이루면서도 그런 생활이 잘못된 줄을 모르게 될 우려가 있다. 두 번째 부류는 자연의 심오한 것을 좋아한다기보다는 그저 눈에 보이는 경치와 같이 피상적인 것을 좋아할 뿐이므로, 말로는 전할 수 없는 그 오묘한 경지를 찾으면 찾을수록 더욱 얻지 못하니, 그렇다면 무슨 즐거움이 있겠는가?

비록 그러하나 나는 차라리 두 번째 부류의 삶을 살기 위해 스스로 힘쓸지언정, 첫 번째 부류의 삶을 추구하느라 스스로를 속이는 짓만큼은 하지 않겠다. 그러니 또 어느 겨를에 이른바 '세속에서 명예를 구하는 사람들'이 있는 줄을 알겠으며 그들을 따라 하느라 내 마음을 어지럽히겠는가?

어떤 사람이 나에게 이렇게 말했다.

"옛날에 산을 좋아한 사람은 반드시 유명한 산을 찾아가서 거기에 자신을 의지하고 맡겼습니다. 도산보다는 청량산이 더 유명한데, 그대가 청량산에서 살지 않고 여기에 사는 것은 어째서인가요?"

나는 이렇게 대답했다.

"청량산은 만 길 높이 우뚝 솟아서 멀리 떨어진 골짝을 굽어보고 있으니, 나같이 늙고 병든 사람이 마음 편히 지낼 수 없는 곳입니다. 또 나는 산도 좋아하고 물도 좋아하니, 이 둘 중에 어느 하나라도 없어서는 안 됩니다. 그런데 지금 낙천이 비록 청량산을 지나가긴 하지만 그 산속에 계천이 있는지는 모르겠습니다. 저는 정말로 청량산에서 살았으면 하고 바란 적도 있었습니다. 그런데도 제가 청량산을 뒤로하고 도산을 우선시한 것은 산과 물을 겸비하고, 늙고 병든 내 몸을 편안하게 하려고 해서이지요."

그 사람이 다시 물었다.

"옛날 사람의 즐거움은 자기 마음에서 얻은 것이지 외부의 사물에 의존한 것이 아니었습니다. 안연(顔淵: 공자의 제자)과 원헌(原憲: 공자의 제자)은 가난하게 살면서도 자신의 즐거움을 바꾸지 않았는데, 이것이 산수(山水)와 무슨 상관이 있겠습니까? 당신처럼 외부의 사물을 필요로 하는 것은 진정한 즐거움이 아닙니다."

나는 다시 이렇게 대답했다.

"그렇지 않습니다. 안연과 원헌의 처지가 마침 그렇기 때문에, 자신의 처지를 편하게 여긴 것이 중요합니다. 만약 이 분들이 도산의 이런 경치를 접했더라면 우리보다 훨씬 더 깊이 즐거워하셨을 것입니다. 그래서 공자와 맹자 같은 분도 산과 물에 대해 자주 일컫고 거기에서 깊은 깨달음을 얻지 않은 적이 없었던 것입니다. (…중략…)"

이 말을 듣고 그 사람은 옳다고 수긍하고 물러갔다.

여기에서 자연은 초현실적인 공간이 아니라, 윤리 도덕을 닦고 심성을 도야하는 터전이다. 이 점에서 퇴계의 도학자적 면모를 확인할 수 있다. 오늘날의 자연은 대체로 레저의 공간이 된다. 이때 자연은 또 다른 소비 대상이나 구경거리 이상으로 되기 힘들다. 자연에 대한 퇴계의 태도에 대해서는 이런저런 논평이 가능하겠지만, 적어도 현 상황과 관련하여 적지 않은 생각거리를 던져 주지 않는가 한다.

청량산에 관한 글을 읽고

　안동부(安東府: 지금의 안동시 일대)에 있는 청량산은 예안현(禮安縣)의 동북쪽 수십 리 되는 곳에 있다. 그곳으로 가는 길 중간에 우리 선대(先代)로부터 대대로 살아온 집이 있다. 새벽에 그 집에서 출발해서 이 산에 오르면 정오가 되기 전에 산허리에 다다를 수 있다. 이렇게 보면 이 산은 비록 지역상으로는 다른 지방에 속하지만 실제로는 우리 집 산인 셈이다.
　나는 어린 시절에 아버지와 형님을 따라 책 상자를 짊어지고 이 산을 오가며 글공부를 했다. 몇 번이나 그랬는지 모른다. 나는 고요한 환경에서 경서(經書)를 연구했으나 그 내용을 깊이 깨닫지 못한 채 경솔하게 세상으로 나와 활동하고 있다. 내가 분주하게 왔다 갔다 할 적에 심경지(沈慶之)와 공치규(孔稚圭)의 무리가 곁에서 이 꼴을 본다면 비웃고 흉볼 노릇이다. 머리 돌려 바라보니 신선이 살 법한 산이 아지랑이와 노을 밖에 옥처럼 서 있다. 그러나 내가 수십 년 동안에 이 산속을 거닐어 본 것은 겨우 한두 번 뿐이다.
　기유년(己酉年: 1549년) 봄에 나는 풍기군수(豊基郡守)로 부임했다. 그곳에서 나는 주경유(周景遊: 주세붕) 선생이 청량산에서 노닐고 나서 지은 글을 마을 사람에게 얻어서 여러 번 반복해서 읽어 보았다. 다 읽고 나자 감탄하는 마음이 일어났다.

    그런 지 얼마 되지 않아 나는 풍기군수를 그만두고 산 아래의 전원으로 돌아왔다. 그러나 4년 동안 몸이 아파서 앓아누워 있느라 역시 산을 찾아가지 못했다. 그랬는데 이제 서울로 와서 주경유 선생과 더불어 낮은 벼슬에 있으면서 서로 친하게 지내게 될 줄은 정말 생각하지도 못했다.

    (…중략…)

    일체의 형체가 없는 태초의 혼돈 상태로부터 하늘과 땅의 형체가 이루어진 시기에 이르기까지 몇 천 년 몇 만 년이 되는지 알 수 없다. 하늘과 땅이 매우 아름답고 기이한 경치를 숨기고 있다가 곧 주경유 선생의 글이 지어지기를 기다려 그 아름다움을 드러냈다. 어찌 이 산이 좋은 기회를 만난 것이 아니겠는가?

주세붕(周世鵬, 1495~1554)의 「청량산에 노닌 기록」(遊淸凉山錄)에 부친 글의 일부로, 1552년에 지어졌다. 퇴계는 청량산에 얽힌 추억을 말하면서 '우리 집 산'이라는 표현을 쓰고 있다. 심경지와 공치규는 모두 남북조 사람으로, 하상지(何尙之)라는 은사(隱士)가 벼슬을 하자 심경지가 "오늘은 왜 은사의 갓을 쓰지 않았느냐"라며 조롱했고, 주옹(周顒)이라는 은사가 벼슬살이하다가 다시 은둔하려 하자 공치규가 그것을 비난하는 글을 지은 적이 있다.

소백산에 다녀와서

　나는 젊었을 때부터 영주(榮州)와 풍기(豊基) 사이를 왕래했다. 소백산은 고개만 들면 바라보이고 발만 들면 닿을 수 있는 거리에 있었다. 그러나 나는 마치 길 잃은 사람마냥 바쁘게 지내는 바람에 오직 꿈속에서만 그곳을 생각했고 내 정신만이 그곳에 갈 수 있었다. 그런 지 벌써 40년이 되었다.
　지난해 겨울 나는 풍기군수로 부임하여 백운동서원(白雲洞書院)의 주인이 되었다. 이제야 옛 소원을 이룰 수 있겠구나 하는 생각에 나는 속으로 기뻐했다. 그러나 지난해 겨울과 봄 사이에 관청의 일로 백운동에 간 적은 있으나, 그때마다 산 어귀도 엿보지 못한 채 돌아간 것이 세 차례였다.
　4월 신유일(辛酉日)에 오랫동안 내리던 비가 막 개었다. 산빛이 마치 방금 몸을 씻은 듯했다. 나는 백운동서원으로 가서 학생들을 만나 보고 그곳에서 하룻밤을 지냈다. 다음날 나는 드디어 산으로 들어갔다. 민서경(閔筮卿)이란 사람이 자기 아들 응기(應祺)를 데리고 따라왔다. 죽계(竹溪: 소백산 입구의 계곡)를 따라 십여 리 올라가니 숲과 골짜기가 그윽하고 깊었다. 시냇물이 돌 위로 흘러 언덕과 계곡에 울리는 소리가 간간이 들렸다.

걸어서 안간교(安干橋)를 건너 작은 암자에 도착했다. 암자는 원적봉(圓寂峰) 동쪽, 월명봉(月明峰) 서쪽에 있었다. 이 두 봉우리에서 갈라져 나온 봉우리가 암자 앞을 감싸고 있어, 산으로 들어가는 입구가 되었다. 암자 서쪽에 높은 바위가 있었다. 그 아래로 맑은 물이 흘렀는데, 바위를 치고 맴돌면서 깊은 못이 되었다. 바위 위는 평평해서 사람이 앉을 수 있었다. 남쪽으로 산 입구를 바라보며 아래로는 졸졸 흐르는 물소리를 듣노라니, 정말 빼어난 운치가 느껴졌다. (……)

종수(宗粹)라는 승려가, 내가 왔다는 말을 듣고 묘봉암(妙峰菴)에서 여기로 찾아왔다. 그리고 나서 나는 민서경과 백운대(白雲臺)에서 몇 순배 술을 마셨다. 민서경은 학질을 앓아 돌아가려고 했다. 하지만 나는 비록 허약하고 병들긴 했지만, 기어이 산에 올라 그 일대 경치를 구경하려고 했다. 그래서 여러 승려가 자기들끼리 상의하더니, "견여(肩輿: 어깨에 메는 가마)가 아니면 불가능합니다. 예전에 이곳의 군수셨던 주세붕 선생도 이렇게 하신 전례가 있습니다"라고 말했다. 나는 웃으며 그러자고 했다.

(…중략…)

마침내 견여를 타고 산등성이를 따라 동쪽으로 몇 리쯤 가니

석름봉(石廩峰)이 나왔다. 봉우리 꼭대기에 초막이 있는데, 그 앞에 시렁을 매어 놓고 매를 잡는 사람이 있었다. 그가 하는 일이 매우 고되다는 생각이 들었다.

봉우리의 동쪽으로 몇 리쯤 되는 곳에 자개봉(紫蓋峰)이 있고, 또 그 동쪽 몇 리쯤 되는 곳에 우뚝 솟아올라 하늘까지 닿은 봉우리가 있는데, 이것이 바로 국망봉(國望峰)이다. 날씨가 개어 하늘이 맑으면 용문산(龍門山)은 물론, 서울까지 보인다고 한다. 그런데 이날은 산의 이내와 바다의 구름이 뿌옇게 끼어 시야가 흐릿하여, 용문산도 보이지 않았고 오직 서남쪽 구름 사이로 월악산(月嶽山)만이 은은하게 비칠 뿐이었다.

고개를 돌려 그 동쪽을 보니, 뜬구름과 산의 푸르른 기운이 천 겹 만 겹으로 층층이 쌓여 있었는데, 그 모습을 어렴풋하게는 알아볼 수 있지만 그 진면목은 자세히 볼 수 없는 산이 있었다. 그것은 태백산(太白山), 청량산, 문수산(文殊山), 봉황산(鳳凰山)이었다. 그리고 그 남쪽에는 나타났다가 숨었다가 하면서 구름 하늘 속에 아득하게 보이는 산이 있었는데, 그것은 학가산(鶴駕山)·팔공산(八公山) 등의 여러 산이었다. 그리고 그 북쪽에는 자기 모습을 숨기고 한쪽에 아득하게 보이는 산이 있었는데, 그것은 오대산(五臺山)·치악산(雉岳山) 등의 여러 산이었다. 바라보이는 계천과 강은 더욱 적었다. 죽계의 하류는 구대천(龜臺川)

이 되고 한강의 상류는 도담(島潭)의 굽이가 되는 것만 보일 뿐이었다.

종수가 이렇게 말했다. "산에 올라 멀리 바라보려면 모름지기 가을에 서리가 내린 뒤에나, 아니면 비가 오랫동안 내리다가 막 갠 날이어야 경치가 아름답지요. 이곳의 태수셨던 주세붕 선생도 비 때문에 지체되어 닷새 동안 머물러 계시다가 날씨가 개자 곧바로 올라가셨기 때문에 멀리까지 바라보실 수 있었습니다."

나는 묵묵히 그 뜻을 헤아리면서, 처음에 가는 길이 막혀 답답하던 사람이라야 끝내 상쾌함을 얻을 수 있는 것이라고 생각했다. 그런데 내가 올 때에는 하루도 막히거나 지체된 적이 없었다. 그러니 내가 어떻게 만 리 멀리까지 시원하게 보는 상쾌함을 얻을 수 있겠는가? 비록 그러하나 산을 오르는 묘미가 꼭 멀리까지 바라보는 데 있는 것만은 아니다.

산 위는 매우 추웠다. 매서운 바람이 쉬지 않고 휘몰아쳤다. 그래서 그곳에서 자라는 나무들은 모두 동쪽으로 기울어져 있었으며, 가지와 줄기가 많이 구부러지고 왜소하며 모지라져 있었다. 4월 그믐이 되어서야 숲의 나무들에 비로소 잎이 피지만, 1년 동안 자라는 것은 겨우 몇 푼 몇 치밖에 되지 않는다. 그 나무들은 모두 꿋꿋하게 고통을 견디며 힘써 싸우는 모양을 하고 있었으니, 깊은 숲속 큰 골짝에서 자라는 것과는 매우 달랐다. 어디에 거처하느냐에 따라 기질이 변하고, 어떻게 기르느냐에 따라 모습이 변하는 법이다. 어찌 식물이라고 사람과 다르겠는가?

(…중략…)

이튿날 을축일(乙丑日)에 산에서 내려왔다. 산 밑에는 너럭바위가 펀펀했고, 맑은 샘물이 그 위로 졸졸 흘렀으며, 양쪽에는 목련이 만발했다. 가던 길을 멈추고 흐르는 물살 옆에서 입도 헹구고 물장난도 쳤다. 마음이 매우 즐거웠다. 종수가 "시냇물은 응당 벼슬아치를 비웃겠지, 세속의 흔적을 씻어 내려 하지만 못 씻어 내니"라는 시구절을 지어서 읊어 보이더니 "이것은 누구를 두고 한 말일까요?"라고 물었다. 이에 나랑 종수는 서로 쳐다보면서 한바탕 깔깔 웃고는 시 한 수씩 짓고 일어섰다. 시내를 끼고 몇 리를 갔다. 구름, 숲, 언덕, 골짜기가 모두 아름다웠다.

(…중략…)

나는 노쇠하고 병든 몸이라, 온 산의 좋은 경치를 한 번에 모두 보는 것은 정말 어려울 것이라는 생각이 들었다. 그래서 결국 동쪽 골짝은 남겨 두어 훗날에 다시 유람하기로 하고 서쪽 골짝만 찾아갔다. 서쪽 골짝에서 만난 절경은 백학봉(白鶴峯), 백련봉(白蓮峯), 자하대(紫霞臺), 연좌봉(宴坐峯), 죽암폭포(竹巖瀑布) 등이다. 모두 내 마음 내키는 대로 이름 붙인 것이다.

(…중략…)

승려들 말로는, 주세붕 선생 이전에 이곳을 유람한 사람은 오직 호음 정사룡(湖陰 鄭士龍) 선생과 태수 임제광(林霽光)뿐이라고 한다. 그분들이 소백산에 대해 기록한 글을 지금 찾아보니, 임 태수가 지은 글은 한마디 한 글자도 찾을 수 없고, 호음 선생의 시도 겨우 한 편만 보일 뿐이다. (……)

아! 영남은 선비들이 많이 배출된 곳이다. 특히 영주와 풍기 사이에는 위대한 학자와 큰선비가 줄줄이 나와 찬란하게 빛났다. 그렇다면 이곳을 유람한 사람이 고금을 통틀어 얼마나 많았겠는가? 그리고 후대에 전할 만한 기록이 어찌 이 정도에 그치겠는가? (……) 그런데 산에는 시문을 새겨 놓은 바위가 없고, 선비들이 입으로 외워서 전하는 것도 없으니, 옛날 사람들이 유람한 자취가 싹 사라져 찾을 수 없게 되었다.

대저 우리나라의 풍속은 산림의 고상한 운치를 좋아하지 않으며, 예전의 일을 기록으로 남겨 후대에 전하려고 애쓰는 사람도 없다. 그래서 명성이 높은 사람들이나, 이 산처럼 빼어난 명승지에 대해서도 끝내 현재까지 전하는 문헌이 없으니, 다른 것이야 더 말할 필요가 있겠는가?

더구나 산과 언덕이 쓸쓸하여 천 년 동안 진정한 은자(隱者)가 없었으니, 진정한 은자가 없었다면 진정한 감상(感賞)도 없었다는 것을 알 수 있다. 우리들처럼 공직 생활에서 겨우 몸을 빼내서 잠깐 산속을 걷는 사람이 이 산을 유람했다고 해서 또 어찌 이 산이 더 소중해지겠는가? 다만 나는 우선 내가 본 것을 차례대로 서술하고, 내가 들은 것을 기록해 둘 뿐이다.

퇴계는 1548년 48세 때 풍기군수로 나갔다가 이듬해 음력 9월에 휴가를 받아 고향으로 돌아왔다. 그는 1549년 음력 4월 22일부터 26일까지 소백산을 유람했는데, 이 글은 바로 이때의 일을 기록한 것이다. 매서운 바람이 부는 산 위에서 보았다는 나무는 분명 오늘날 도심의 공원 같은 데에서 볼 수 있는 '다듬어지고 길들여진 자연'과 다를 것이다. 고통을 견디며 힘써 싸우는 그 모습이 인상적이다.

단양의 산수

가정(嘉靖: 명나라 세종 연호) 무신년(戊申年: 1548년) 봄에 나는 처음으로 단양군수로 나갔다. 마침 흉년이 들어 중요한 공무가 많았고, 개인적으로 다급한 일도 많았다. 그런데다가 질병까지 겹쳐, 기근에 시달리는 백성을 구제하는 일을 처리할 때 말고는 항상 문을 꼭 닫고 시간을 보냈다. 그래서 산수를 유람할 겨를이 없었다.

그러다가 기근에 시달리는 백성을 살피기 위해 가끔 밖으로 나가 계곡과 산 사이를 오가면서 그 부근 한두 곳의 경치를 구경할 수 있었다. 급기야 다닌 곳이 많아지면 많아질수록 구경한 경치도 더더욱 기이해져, 단양의 산수는 이제 더 볼 것이 없구나 하는 생각이 들 정도였다. 그러나 맨 마지막으로 구담(龜潭)이란 곳을 구경한 뒤에야 나는 비로소 예전에 구경했던 곳들은 별로 기이하다고 할 만한 것이 못 되며, 『여지승람』(輿地勝覽)에 실린 내용과 예전 사람들의 기록에도 오히려 빠뜨린 내용이 있다는 것을 알게 되었다.

우선 내가 다닌 곳을 차례대로 말해 보면 이렇다. 단양군 서쪽에 단구협(丹丘峽)이 있다. 그 산골짜기가 끝나고 남쪽으로 들어가면 설마동(雪馬洞)에 닿는다. 이곳은 골짜기 입구가 아득하고, 동쪽과 서쪽에 돌벼랑이 있어 붉은빛과 푸른빛이 서로 물에 어리비치며, 맑은 물이 솟아나고 하얀 돌이 쭉 깔려 있다. 이 시내는 몇 리가 되는데, 끝까지 걸어가노라면 시원시원한 물소리가 계속 들려 즐거우니 매우 좋아할 만하다.

그 벼랑이 끝나면 넓은 골짜기의 깊숙한 산이 보인다. 거기에 살면서 농사를 지을 만하니, 은둔 생활을 하기에 적합해 보였다. 그러나 안타깝게도 지금은 수십 가구가 그곳에 살고 있다.

동쪽으로 장림역(長林驛)을 나와 오른쪽으로 돌아 시내를 따라 십 리쯤 들어가면 사인암(舍人巖)이 나온다. 이곳의 물과 바위가 매우 아름답다.

(…중략…)

나루를 건너 북쪽으로 가다가 동쪽으로 돌아서 들어가면 큰 바위와 세 봉우리가 물속에서 높이 솟아오른 것이 보인다. 이것이 바로 도담(島潭)이라는 곳이다. 그리고 이곳에는 또 풍광이 빼어난 서쪽 벼랑이 있고 기이한 돌문이 있다. 이곳은 유독 세상에 잘 알려져 있는데다 『여지승람』에서도 칭송받은 곳이므로, 그 아름다움에 대해 내가 굳이 말할 필요가 없을 것이다.

남쪽 냇가에는 불암(佛巖)이 있다. 이것이 가장 빼어난데, 나도 예전에 이곳을 찾아간 적이 있다. 텅 빈 골짜기로 들어가 맑은 냇물을 건너고, 높은 산에 올라 깎아지른 절벽가에 서 있자니, 아득하여 마치 속세를 벗어난 듯한 느낌이 들었다. 산을 내려가면서 울창한 수풀 아래로 맑은 시내와 하얀 돌 사이를 걸어 또 6~7리를 갔더니 마침내 불암에 도착했다.

　불암은 두 산 사이 알록달록한 벼랑 아래에 있는데, 시냇가에 백여 걸음쯤 구불구불하게 서려 있었다. 이곳은 마치 흰 눈이 쭉 깔린 듯했고, 하얀 담요가 겹겹이 쌓인 듯했는데, 모두 세 층으로 되어 있었다. 그 사이로 시냇물이 흘러나와 빙빙 돌다가 콸콸 흘러 아래층으로 폭포처럼 쏟아져 깊은 웅덩이가 되었다. 웅덩이의 물은 퍼렇고 맑아서 얼굴을 비춰 볼 수 있을 정도였다. 거기에 작은 물고기 십수 마리가 팔딱팔딱 뛰며 헤엄쳤다. 그 깊은 물 위에 바위가 있었다. 바위는 평평하고 매끈하여 그곳에 앉아 물고기를 구경할 만했으니, 천연의 누대인 셈이다. 동쪽에는 여러 바위가 서로 기대어 서 있었는데, 그 모습이 꼭 음식을 담아 놓은 것 같았다. 그 아래는 텅 비어 조그만 집처럼 되어 있으니 비를 피할 만했다. 불암의 사계절은, 봄이면 철쭉이 피어 마치 노을 같고, 가을이면 단풍이 들어 마치 붉은 비단 같으니, 불암은 참으로 빼어난 경치를 지닌 곳이다.

(…중략…)

　5월에 나는 공무 때문에 청풍(淸風)에 가야 했다. 그래서 나는 나루에서 배를 타고 단구협으로 나와 구담을 거쳐 화탄(花灘)으로 내려갔다. 이날은 비가 내렸다 그쳤다 했다. 하늘은 구름과 안개를 토했다 삼켰다 했는데, 그에 따라 벼랑과 골짜기가 나타났다 사라졌다 해서 잠깐 사이에 그 모습이 만 가지로 변했다. 또한 물이 불어 콸콸 흘러서 배가 너무 빨리 가는 바람에, 비록 훌륭한 경치가 무궁무진하긴 했지만 제대로 구경할 수 없었다.
　그날 밤 나는 청풍군의 응청각(凝淸閣)에서 묵었다. 이튿날 새벽의 서늘한 틈을 타 사람을 시켜 배를 젓게 하여 물길을 거슬러 올라갔다. 삼지탄(三智灘)을 지나 내매담(迺邁潭)가에 이르러 배의 덮개를 열고 바라보니, 물이 두 골짜기 사이에서 나와 높은 곳에서 곧장 쏟아져, 거기에 많이 깔려 있는 돌들을 쳐서 이리저리 서로 부딪치게 하고는 성난 기세로 내달리니 구름과 눈 같은 물결이 용솟음치며 팽배했다. 이곳이 화탄이다. 또 산봉우리는 그림 같고 골짜기가 양옆에서 서로 마주 보고 갈라졌다. 그 속에 물이 고여 있는데 맑고 푸른빛이 엉기어 마치 새로 닦은 거울을 공중에 걸어 놓은 듯했다. 이곳이 구담이다.
　화탄을 거슬러 남쪽 물가의 절벽 아래로 따라가면 그 위로 여러 산봉우리가 죽순처럼 깎아지른 듯 서 있다. 높이는 천 백 길 정도인데 우뚝하게 버티고 서 있으며, 빛깔은 푸르기도 하고 희기도 했다. 또한 푸른 등나무와 고목이 우거져 그윽하고 침침하니 쳐다볼 수는 있어도 휘어잡고 오를 수는 없었다. 그래서 그곳에 '옥순봉'(玉筍峯)이라는 이름을 붙였으니, 그 모양을 따른 것이다.

구담의 북쪽 물가는 바로 적성산(赤城山)의 산자락 한 줄기가 남쪽으로 치달리다가 높이 끊어진 곳이다. 그 봉우리 중에 큰 것이 셋인데, 모두 물가에 있으면서 높이 솟았다. 이 셋 중에서 가운데 봉우리가 가장 높다. 층층의 바위가 누가 더 빼어난지 서로 다투었고, 삐죽삐죽한 바위가 누가 더 높은지 다투었는데, 마치 귀신이 조각한 듯이 기이하고 괴상하여 그 모습을 자세히 묘사할 수 없을 정도였다.

이때 비가 막 개어서 산 기운이 새로운 듯했고, 구름이 맑고 고왔다. 그런데 마침 가운데 봉우리에서 학이 날아서 몇 바퀴 빙빙 돌더니 구름 속으로 들어갔다. 나는 배 안에서 술을 마시고 시를 읊었다. 속세에서 벗어나 시원한 바람을 타고 넓은 하늘을 훨훨 날아다니는 듯한 기분이 들었다. 그래서 나는 세 봉우리 중 맨 아래 있는 것에 '채운봉'(彩雲峰)이라는 이름을 붙였고, 중간에 있는 것에 '현학봉'(玄鶴峰)이라는 이름을 붙였다. 이 이름들은 모두 내가 본 광경에 따른 것이다.

(…중략…)

　가은봉(可隱峰)은 북쪽으로 돌아 서쪽으로 꺾이는 굽이에 있는데, 서쪽으로 오로봉(五老峰)과 서로 마주 보고 있다. 이 두 봉우리 사이에 골짜기가 있다. 그 골짜기는 마치 입을 벌린 듯한 모양으로 남쪽을 향했는데, 깊고 그윽하여 사방의 인적이 끊어졌다. 골짜기 입구에는 물살이 부딪치는 바위가 있다. 바위가 꼭 계단처럼 되어 있어서, 거기서 낚시를 할 만했다. 온갖 아름다운 경치가 모여 있는 것을 이 한 굽이에서 감상할 수 있다. 옛날 사람이 이곳에 '은둔 생활을 할 만한 곳이다'라는 뜻의 '가은'(可隱)이라는 이름을 붙인 이유도 여기에 있는가 보다.

　나도 이곳에서 짚신 신고 대나무 지팡이 짚고 산속을 다니면서 옛날 사람의 자취를 찾고, 한적하게 지낼 수 있는 곳을 찾아 은둔 생활을 하겠다는 약속을 마음속으로 맺고 싶다. 하지만 나는 병든 몸이라 그렇게 할 수 없다. 그래서 나는 "어느 때 한 칸 초가집에서, 흰구름 곁에서 노년을 보낼꼬?"라는 두보(杜甫)의 시구절을 여러 번 읊조리며 크게 탄식했다.

　구봉(龜峰)이라는 곳은 동쪽으로는 부딪치는 못물을 막고,

북쪽으로는 구담의 굽이를 내려다보고 있다. 알록달록한 벼랑과 푸르스름한 절벽이 그곳에서 특히 빼어나게 아름답다. 이렇게 해서 구담 하나가 이루어지므로, 이곳을 '구봉'이라고 이름 붙인 것이다. 이곳을 지나면 단구협으로 접어든다. 단구협의 아름다운 경치에 대해서는 탁영공(濯纓公: 김일손)이 「이요루 기문」(二樂樓記文)이라는 글에서 이미 모두 말했기 때문에, 나는 더 보탤 말이 없다.

(…중략…)

『여지승람』을 살펴보면 작은 물줄기와 개미집같이 사소한 것까지도 더러 기록했던데, 구담에 대해서는 겨우 그 이름만 적어 놓았을 뿐이다. 그리고 유독 도담에 대해서만큼은 아예 언급조차 하지 않았다. 나는 이 점을 매우 안타깝게 생각한다.

비록 그렇지만 산수를 좋아하는 것은 그 맑고 고상한 운치를 좋아하는 것이다. 맑은 것은 제 스스로 맑고, 고상한 것은 제 스스로 고상하니, 남들이 알아주건 알아주지 않건 무슨 상관이겠는가? 산수는 스스로 안타깝게 여기지 않는데 나는 안타깝게 여기고 있으니, 그렇다면 내가 어리석은 것이다.

하지만 나는 구담이 사람들에게 알려지지 않은 것을 안타깝게 여기는 것이 아니다. 탁영공에게 알려지지 않은 것을 안타깝게 여기는 것이다. 그런데 탁영공은 「이요루 기문」에서 "단구협에 말을 세우고 가은봉을 바라보고 있노라니, 신선 놀음에 도낏자루가 썩는 줄 모른다는 것과 같은 느낌이 드는구나!"라고 했다. 이렇게 보면, 탁영공은 비록 구담을 보지는 못했지만 구담의 경치는 이미 마음속에 알고 있었던 셈이다. 그러니 내가 무엇을 안타깝게 여기겠는가?

다만 한 고을 안에 있는 신비롭고 아름다운 경치를 간직한 곳 중에 적성산 같은 곳은 나도 아직 가 보지 못했다. 그렇다면 구담보다 빼어난 곳이 없다고 어찌 장담할 수 있겠는가? 하지만 내가 구담에서 만난 경치만 해도 무궁무진하다 할 것이다.

쏟아지는 물줄기·용솟음치는 물결·깎아지른 듯 서 있는 봉우리 등에서 자연의 생명력과 역동성이 느껴지며, 우거진 고목에서 깊고 그윽한 분위기가 풍긴다. 이런 모습들은 자연 속에서 심성을 도야하며 평생 진리 탐구에 힘쓴 퇴계의 정신을 표상하고 있는지도 모른다. 『여지승람』은 조선 시대에 간행된 지리서(地理書) 이름이다.

해설

전인적 자기실현의 길
—퇴계 이황의 학문과 문학에 대하여

1

퇴계 이황(退溪 李滉, 1501~1570)이라는 이름은 결코 낯설지 않다. 퇴계가 조선 시대의 유명한 학자라는 것 정도는 상식에 속한다고 할 수 있다. 퇴계의 흔적이 남아 있는 도산서당 일대는 이제 안동의 유명한 관광지가 되었다. 게다가 우리는 천 원권 화폐를 통해 퇴계의 초상화를 늘 접한다. 이렇듯 퇴계는 친숙한 인물이다.

그러나 정작 퇴계의 글을 읽어 가면서 퇴계에 대해 알게 된 사람은 그리 많지 않을 것이다. 퇴계가 워낙 유명하다 보니 그럴 필요조차 못 느낄 수 있다. '친숙성의 함정'이라 할 만한 어떤 장애가 퇴계와의 진지한 대면을 오히려 막고 있는 것이다. 그 결과 퇴계에 대한 뻔한 상식만 되풀이되고 있는 것이 아닌가 한다. 그렇다고 해서 퇴계의 글을 직접 읽는 것도 쉽지 않다. 하지만 그럴수록 '친숙성의 함정'에서 벗어나 직접 퇴계의 글과 대면하면서 퇴계와 대화를 나누는 것이 중요하다.

퇴계는 16세기에 활동했다. 이 시기 조선에는 성리학(性理

學)이 사회 전반의 지배적인 사상으로 확고하게 자리를 잡아가고 있었다. 성리학은 송(宋)나라 학자 주희(朱熹, 1130~1200)가 집대성한 학문 체계이다. 성리학은 고려 말엽에 우리나라에 유입되었으며, 조선을 창건하는 데 이론적 뒷받침을 했다. 그런데 성리학이 지배 이념으로 공고하게 되기까지 조선 사회는 사상적 진통과 정치적 진통을 겪어야 했다. 퇴계는 바로 이런 시대를 배경으로 활동했다.

먼저, 사상적 진통이란 성리학 이론을 둘러싼 논쟁을 말한다. 성리학의 기본 논리는 자연 세계의 법칙과 인간 사회의 질서를 통일적으로 파악하는 것이다. 성리학은 자연, 인간, 우주를 아우르는 그 특유의 통일적 논리를 구축했다. 이런 폭과 깊이에 걸맞게 성리학은 상당히 심오하다. 그런데 성리학 이론의 해석을 둘러싸고 학자들 사이의 의견이 일치되지 않아 조선 초기에 몇 차례에 걸쳐 논쟁이 벌어졌다. 퇴계는 이 논쟁의 한가운데에 있었다. 퇴계와 논쟁을 벌인 학자는 노수신(盧守愼, 1515~1590), 기대승(奇大升, 1527~1572) 등으로, 이들은 모두 그 당시의 쟁쟁한 학자들이다. 이 중에서 특히 기대승과의 논쟁은 매우 유명하다. 8년이라는 결코 짧지 않은 기간 동안 논쟁을 하면서 이 두 학자가 보여준 사고의 깊이와 치밀함, 겸손하면서도 단호한 태도, 진지한 학문적 자세는 조선 시대 학술사를 빛냈을 뿐만 아니라 오늘날에도 귀감이 된다. 그밖에도 퇴계가 남긴 편지 글에는 그의 제자 및 당대의 학자들과 토론한 내용이 상당수 남아 있다. 이런 토론과 논쟁을 거치면서 성리학에 대한 조선 지식인의 이해가 심화되고, 그에 대한 여러 학설이 이론적으로 정비되기에 이르렀다.

그밖에도 퇴계는 성리학 관련 서적을 제자들에게 강의하는 한편, 주요 서적들을 편집하고 간행하여 널리 보급하는 데 깊은 관심을 보였는데, 그의 이런 활동도 성리학을 전파하고 정착시키려는 노력의 일환이었다.

다음으로, 정치적 진통이란 사림파(士林派)와 훈구파(勳舊派)의 대립을 말한다. 훈구파는 중앙의 귀족화된 관료 세력으로, 기존의 특권층이다. 사림파는 지방에 근거를 둔 중소 지주 출신으로, 새롭게 부상한 세력이다. 이 두 세력의 이념은 판연하게 달랐다. 정치적·사회적 입장을 달리한 이 두 세력이 날카롭게 대립하면서 갈등이 불거졌다. 그 첨예한 대립의 결과가 '사화(士禍)'이다. '사화'는 '선비들이 당한 화'라는 뜻으로, 이때 '선비'란 구체적으로는 '사림파'에 속하거나 거기에 동조한 선비를 말한다. 그중에서 기묘년(己卯年: 1519년)에 일어난 사화를 '기묘사화'라고 한다. '기묘사화'는 그 당시 사림파의 지도자였던 조광조(趙光祖, 1482~1519)가 성리학에 기초를 둔 이상주의적 정치 개혁을 단행했다가 훈구파의 반대에 부딪혀 좌절당하고, 급기야 사형까지 당하게 된 사건이다. 그후에도 사화가 끊이지 않아 을사년(乙巳年: 1545년)에 '을사사화'가 일어났다.

'기묘사화'는 퇴계가 19세 때의 일이고, '을사사화'는 45세 때의 일이다. 특히 '기묘사화'는 그 당시 선비들에게 큰 충격을 주었다. 퇴계도 이 사건을 거울 삼아, 사림파가 패배한 이유가 무엇이었는지 반성하고, 앞으로 자기 자신은 학자로서 어떻게 처신해야 할지 깊이 고민했다.

> 기묘년에 앞장서서 개혁을 주장한 선비는 학문을 연마하다 아직 완성하지는 못한 상태였습니다. 그런데 그는 갑자기 대단한 명성을 얻고 나서는 대번에 세상을 경영하고 백성을 구제하겠노라고 자부했지요. 임금님도 그가 명성이 높은 것을 좋게 생각하시어 그를 두텁게 신임하셨고요. 그러니 이것이 바둑으로 치면 수를 잘못 두어 일을 망치는 길이 아니고 무엇이겠습니까?
> 게다가 새로 정계(政界)에 진출한 선비들 중에 일 벌이는 것을 좋아하는 사람이 많았습니다. 그들이 정신없이 일을 일으켜 실패를 재촉한 바람에, 참소하는 사람이 농간을 부리게 된 것입니다. 아마도 이것이 그 뒤를 이은 사람들이 가장 경계해

야 할 일이 되어야 마땅할 성싶습니다. 그러니 소홀히 할 수 있겠습니까?

—「한 수를 잘못 두면」중에

'기묘년에 개혁을 주장한 선비'는 조광조를 가리킨다. 퇴계는 조광조를 비롯하여 당시 조정에 새로 진출한 선비들이 아직 학문적으로 미성숙한 상태에서 개혁을 서두르다가 반대파에게 빌미를 제공하여 결국 일을 그르치게 되었다고 진단했다. 퇴계의 이런 생각은 사림파의 실패에 대한 선비의 자기반성이라고 할 수 있다.

퇴계가 번번이 벼슬을 사양하고 조정에서 물러나 한평생 학문 연구에 몰두하고 교육에 힘쓴 것은 이런 생각에서였을 것으로 짐작된다. 퇴계는 사림파의 한계를 자각하고, 학문을 닦고 인재를 양성하면서 후일을 기약했던 것이다.

퇴계는 특히 지방의 교육 기관인 서원을 창설하는 데 비상한 관심을 보였다. 그와 관련된 퇴계의 일련의 활동을 두고 학계에서는 '서원 창설 운동'이라고 한다. 지방의 서원에서 교육받은 인재들이 훗날 꾸준하게 사회에 진출함에 따라, 예전에 사림파가 표방했던 성리학적 이념이 점차 확고하게 자리 잡게 되었다. 그 결과 사림파의 학문 사상과 정치 이념이 조선 사회 전반에 큰

영향력을 행사하기에 이르렀다. 이렇게 보면, 퇴계의 연구 활동 및 교육 활동은 그 나름의 학문적인 사회 참여의 성격을 띤다고 할 수 있다.

2

퇴계가 평생토록 탐구한 문제 중 하나는 인간 심성의 문제이다. 어떻게 하면 인간이 자기의 마음을 맑고 깨끗하게 할 수 있는가 하는 질문이 그 문제의 핵심이다. 퇴계는 적지 않은 글을 통해 이 문제에 대한 자신의 생각을 나타냈다. 한 가지 예로, 퇴계는 이런 시를 지은 적이 있다.

바닥까지 보이는 맑은 연못에
하늘의 빛과 구름의 그림자.
못 가운데 달 비치면
티 없는 경지를 이루리라.

―「연못 2」

연못은 마음을 비유한다. 바닥까지 들여다보이는 연못은 곧 부단히 닦고 또 닦아 맑고 깨끗해진 마음이다. 하늘의 빛과 구름의 그림자가 수면에 어우러진 광경은 곧 본연의 마음 상태, 다시 말해 지극히 선하고 깨끗한 마음의 상태이다. 퇴계는 인간의 마음이 원래 맑고 깨끗하지만 욕심에 의해 더럽혀진다고 보고, 욕심을 이기고 원래의 맑고 깨끗한 상태를 회복하는 것을 심성 수양의 중요한 과제로 삼았다. 이 시는 퇴계의 이런 생각을 표현한 것이다.

이와 같은 인간 심성의 문제는 정서적이라기보다는 철학적인 성격을 띤다. 이렇게 철학적인 생각을 나타낸 시를 두고 '철리시'(哲理詩)라고 한다. '철리시'는 '철학적 이치를 읊은 시'라는 뜻이다. 요즘은 시라고 하면 주로 한 개인의 감정을 표현한 '서정시'를 떠올리게 된다. 혹시 그와 다른 시라고 하면 '서사시' 정도를 떠올리게 된다. 이런 상황에서 퇴계의 '철리시'는 다소 낯설게 받아들여질 수 있다.

하지만 '철리시'는 중국 송나라 때부터 확립된 것으로, 퇴계뿐 아니라 전근대 한국과 중국의 철학자가 공유한 동아시아 공동의 자산이다. '철리시'는 다소 딱딱하게 느껴질 수도 있지만, 인간과 자연을 포함하여 우주의 삼라만상에 대한 근원적인 통찰을 담고 있는데, 이 점에 주목할 필요가 있다. 일반적으로 철학과 예술은 서로 다른 길을 가는 것처럼 보인다. 그런데 퇴계의 철리시에서는 철학적 언어가 곧 시적 언어가 되고 시적 언어가 곧 철학적 언어가 된다. 다시 말해 퇴계의 철리시는 어떻게 철학적 사유와 예술이 한데 어우러져 높은 정신에 도달할 수 있는가를 잘 보여 주고 있다. 이 점에서 퇴계의 철리시는 지금의 '서정시'나 '서사시'와 다른 시적(詩的) 가능성을 보여 줄 수 있다.

방금 살펴보았다시피 퇴계는 인간 심성의 문제를 탐구한 학자이기도 하지만, 제자들을 가르친 교육자이기도 하다. 퇴계의 이런 면모는 그의 편지글에 고스란히 담겨 있다. 편지글은 퇴계가 남긴 글을 수습해서 간행한 문집 가운데 가장 큰 비중을 차지한다. 퇴계는 당시의 저명한 학자나 자기의 제자들과 편지를 주고받으면서 학술적인 토론을 하거나, 학문을 비롯한 여러 문제에 대해 조언을 아끼지 않았다. 그 주제는 글 읽기, 학문하는 자세, 공부 방법을 비롯하여 몸과 마음의 수양, 일상생활의 행동과 태도 등 다양하다.

오늘날 '공부'라고 하면 주로 글공부, 즉 머리로 하는 공부를 떠올리게 된다. 여기에 비추어 보면 퇴계가 염두에 두고 있는 '공부'의 개념은 굉장히 풍부해 보인다.

> 대저 이러한 진리는 전적으로 일상생활 속에 있습니다. (……) 이건 결코 괴상한 것도 아니고 특이한 것도 아니며, 잘 안 보

이는 곳에 숨어 있는 것도 아닙니다.

—「일상생활 속에 진리가 있다 1」 중에

일상생활에서의 여러 가지 일을 두루 행하는 길은 천 갈래 만 갈래여서 정말 끝이 없습니다. 어버이를 섬기는 것으로부터 시작해서 세상만사와 온갖 사물에 이르기까지 참으로 여러 갈래이지요.
이렇게 끝없는 일상생활의 일을 하나하나 만족스럽게 하려면, 이치를 탐구하고 매사에 경건한 마음을 갖는 굉장한 공력이 필요합니다. 이런 공력이 없으면 결국 학문을 이루기 어렵습니다.
옛날 사람들이 학문한 것을 살펴보면, 비록 밤낮으로 조심하고 두려워하는 마음을 갖고 노력하여 한순간의 중단도 용납하지 않았으면서도, 또한 반드시 학문을 꾸준하게 쌓아서 오랫동안 유지하고 거기에 푹 젖어 들어서 충분히 그 이치를 음미한 뒤에야, 저절로 순서에 따라 지식과 행동을 터득하게 된 것입니다.

—「일상생활 속에 진리가 있다 3」 중에

퇴계는 진리가 유별난 것이 아니라 바로 일상생활 속에 있는 것이라고 생각했다. 이런 진리관에 따르면 일상생활의 모든 일을 잘하는 것이 곧 공부이다. 그런데 어떤 일을 잘하기 위해서는 그 일에 대해 잘 알 필요가 있다. 따라서 '지식 공부'는 '실천 공부'의 밑바탕이 된다. 그런데 그 일을 잘하고 나면 그 일에 대해 더 잘 알게 되고, 그 일에 대해 더 잘 알고 나면 그 일을 더 잘할 수 있게 된다. 따라서 '실천 공부'는 '지식 공부'의 밑바탕이 된다. 이렇게 '지식'과 '실천'은 서로 순환하면서 인간의 내면을 더욱더 풍부하게 만들어 준다. 퇴계가 강조한 '일상생활 속의 진리'는 이렇게 '지식'과 '실천'의 상호 순환을 통해 터득되는 진리요, 인간을 전인적으로 풍부하게 형성해 주는 진리이다.

그밖에 퇴계의 다른 편지글들을 읽어 보면, 퇴계는 일견 서로 반대되는 것처럼 보일 수 있는 두 가지 측면을 함께 고려하면서 생각을 잡아 간 경우가 많다. 예를 들어 퇴계는, 책을 읽거나 공부를 할 때 폭넓게 배우기만 하고 핵심을 요약할 줄 모르면 위험하지만, 그와 반대로 아직 폭넓게 배우지 못한 상태에서 핵심만 요약하려고 드는 것도 위험하다고 지적하면서, 이 양 극단에 빠지지 말아야 한다고 말한 바 있다. 또한 퇴계는, 독서 계획을 세우고 그것을 엄격하게 지키되, 그렇다고 해서 너무 의욕을 부려서는 안 되며, 마음을 비우고 차근차근 생각해 가면서 여유롭게 글을 읽어야 한다고 제자에게 충고한 바 있다. 그리고 퇴계는, 자만에 빠지는 것도 문제이지만 그렇다고 해서 자기반성을 과도하게 한 나머지 지나친 자책에 빠지는 것도 금물이라고 제자에게 조언하기도 했다.

사실 어떤 문제점을 해결하려다 보면 그와 반대되는 것을 강조함으로써 또 다른 편향성을 드러내기 쉽다. 그런데 퇴계는 어느 한쪽으로 치우치는 것 자체를 경계했다. 퇴계는 양 극단을 넘어서 그때그때마다의 적절한 방법을 찾도록 제자들에게 가르친 것이다. 이런 균형의식은 언뜻 보면 매우 정적(靜的)이거나 절충적으로 보일 수도 있지만, 적어도 퇴계의 경우에는 결코 그렇지 않다. 퇴계의 균형의식은 그때그때마다의 적절함을 찾으려고 하는 것인 만큼 끊임없는 자기반성과 자기 성찰을 필요로 한다. 그것은 상당한 지적(知的) 통찰력과 긴장감을 수반하는 것이다. 바로 이런 면에서 퇴계 사유의 깊이와 진중함을 확인할 수 있다.

한편, 퇴계는 자연에 대한 감수성과 정서의 함양을 중시했는데, 이 경우에도 '지식'과 '실천'의 관계와 유사한 상호 관계가 나타난다.

우선 세상의 곤궁함과 형통함, 잘잘못, 영예로움과 모욕됨, 이익과 손해를 일체 도외시하여 마음에 두지 마십시오. 이런 마음을 다스리고 나면, 아마도 근심 걱정 중 열에 여섯 일곱은 사라질 것입니다. 이렇게 하고 나서 모든 일상생활의 잡다한 일을 줄이고 기호(嗜好)와 욕심을 절제하여, 마음을 비우고 한가롭게 하며 편안하고 유쾌하게 하여 근심을 풀어 버리십시오. 그림이나 화초를 감상하거나, 시내의 물고기와 산속의 새를 구경하는 것과 같이, 진실로 자기 마음을 즐겁게 해 줄 수 있는 것과 자기의 정서에 잘 맞는 것은 싫증 내지 말고 늘 접하도록 하십시오. 그렇게 해서 항상 심기를 순탄하게 하여, 울화가 치밀어 성이 나지 않도록 하십시오. 이것이 긴요한 방법이 됩니다.

—「학문을 하려는 젊은이에게」 중에

그러나 그렇다고 해서 공부를 이렇게 고생스럽게만 할 게 아니라, 때로는 한가하게 쉬면서 정서를 함양할 필요가 있습니다. 이게 바로 예전에 제가 말씀드린바 "괴로움을 견디느라 그다지 유쾌하지 못한 공부"를 해 나가는 것과 서로 보완이 됩니다. 그러므로 이 둘 중에 어느 하나라도 빼놓아서는 안 될 것입니다.

—「휴식의 중요성」 중에

퇴계는 한편으로는 괴롭게 느껴질 정도로 철저하게 공부하는 것을 중시한 동시에, 다른 한편으로는 휴식과 정서 함양을 중시했다. 사람이 공부에만 몰두하다 보면 몸과 마음이 굳어지기 쉽다. 그래서 휴식과 정서 함양이 중요하다. 퇴계에게 휴식은 단순한 유흥과 다르다. 휴식은 '괴로움'이나 '부산함'과 반대되는 것은 물론 '태만함'과도 구분된다. 지식을 쌓아 올리는 데 힘을 쏟다 보면, 아무래도 찬찬히 생각할 여유가 없거나 부족해지게 마련이다. 그렇다고 해서 아무런 노력도 하지 않은 채 여유만 부린다면 결국 아무런 성과도 얻지 못할 것이다. 부단한 노력을 통해 폭넓은 지식을 축적하는 것을 전제로, 여유롭게 사색할 수 있는 마음속의 공간을 마련함으로써, 공부를 더 깊고 풍부하게 해주는 것이 바로 휴식과 정서 함양이다. 이렇게 공부와 정서 함양 내지 휴식은 상호 보완적인 관계를 맺는다.

3

휴식과 정서 함양을 중시한 퇴계의 생각은 자연에 대한 애호로 이어진다. 자연에 대한 퇴계의 태도는 기본적으로 유가적(儒家的)이다.

산림에 즐거움을 붙인 옛날 사람들을 보면 역시 두 부류가 있으니, 세상의 굴레를 완전히 초월하여 무위자연(無爲自然)의 삶을 동경하고 추구하면서 인생을 즐긴 부류도 있고, 인륜과 도덕을 좋아하고 심성을 수양하면서 인생을 즐긴 부류도 있다. 첫 번째 부류는 더러 제 몸 하나 깨끗하게 하기 위해 인간의 윤리와 바른 도리를 어지럽히는 데로 흐르며, 심한 경우에는 사람과 함께 지내지 못하고 새와 짐승과 더불어 같은 무리를 이루면서도 그런 생활이 잘못된 줄을 모르게 될 우려가 있다. 두 번째 부류는 자연의 심오한 것을 좋아한다기보다는 그저 눈에 보이는 경치와 같이 피상적인 것을 좋아할 뿐이므로, 말로는 전할 수 없는 그 오묘한 경지를 찾으면 찾을수록 더욱 얻지 못하니, 그렇다면 무슨 즐거움이 있겠는가?

비록 그러하나 나는 차라리 두 번째 부류의 삶을 살기 위해 스스로 힘쓸지언정, 첫 번째 부류의 삶을 추구하느라 스스로를 속이는 짓만큼은 하지 않겠다. 그러니 또 어느 겨를에 이른바 '세속에서 명예를 구하는 사람들'이 있는 줄을 알겠으며 그들을 따라 하느라 내 마음을 어지럽히겠는가?

—「도산에 사는 즐거움」중에

퇴계는 자연에 대한 자신의 태도를 도가적(道家的) 태도와 구분 짓고 있다. 자연에 대한 도가적 태도는 자연을 초현실적인 공간으로 보는 것이다. 인간은 사회적 존재이자 문화적 존재로서 이런저런 윤리적·도덕적 책임을 진다. 그런데 자연에 대해 도가적 태도를 취하는 사람은 이런 책임이 오히려 인간의 참된 삶을 구속한다고 생각하고, 그것을 완전히 초월한 자유로운 삶을 꿈꾼다. 초현실적인 공간으로서의 자연은 그런 자유로운 삶의 터전이 된다.

퇴계는 이런 도가적 태도를 비판하면서, 자연과 벗하되 인간의 윤리성과 도덕성을 저버리지 않고, 자연 속에서 심성을 수양하며 살겠다고 한다. 이렇게 자연 속에서 삶을 즐기면서도 인간의 윤리·도덕을 중시하고, 자연 속에서의 삶이 심성을 수양하는 또 다른 계기가 되도록 한 것에서 퇴계의 유학자적(儒學者的) 면모가 잘 드러난다. 퇴계의 이런 가치관은 공부와 정서 함양을 함께 중시한 그의 생각과 연결된다.

그렇다고 해서 퇴계가 오로지 유교적 이념에 의거해서 자연을 대했는가 하면, 그건 그렇지 않다. 오히려 퇴계는 자연에 대한 풍부한 감성을 지녔으며, 이런 감성적 측면은 꼭 특정 이념으로 재단하기 힘들다. 퇴계는 학문을 연구하고 제자를 가르치는 틈틈이 화초를 가꾸거나 산수에 노닐면서 그 감회를 시로 표현했다. 이들 시 작품은 퇴계의 풍부한 감성을 잘 보여 준다. 퇴계는 학자이자 교육자일 뿐만 아니라 시인이기도 했던 것이다. 예를 들어, 자연과 더불어 사는 소박한 삶의 기쁨과 자연이 주는 위안을 퇴계는 이렇게 노래했다.

한 번 꽃이 피자 한 번 새로우니
하늘이 내 가난 위로해 주네.
조화옹이 무심코 얼굴 비치자
천지가 말없이 절로 봄을 머금었네.
시름 풀려 술 찾으니 새가 와서 권하고
흥이 나서 시 쓰니 붓에 신이 들린 듯.
이내 손에 선택이 달려 있나니
벌 나비 분분해도 내버려 두네.

—「꽃구경」

퇴계는 대나무·소나무·연꽃은 물론, 바위·샘물·달 등 다양한 자연물을 시로 읊었다. 그중에서 퇴계가 특히 아끼고 사랑한 것은 매화이다. 퇴계는 어느 날 밤에 매화를 구경하느라 떠나지 못하고 매화 주위를 계속 맴돈 적이 있다. 이때의 일을 퇴계는 이렇게 시로 읊었다.

뜨락을 거닐 제 달이 사람 쫓아오니
매화 언저리를 몇 번이나 맴돌았나.
밤 깊도록 오래 앉아 일어날 줄 모르니
향기는 옷에 가득 그림자는 몸에 가득.

—「달밤의 매화」

은은한 달밤에 퇴계는 매화 옆에 한참을 앉아 있었다. 그러다 보니 퇴계의 옷에는 매화 향기가 배었고, 퇴계의 몸에는 매화 그림자가 드리웠다. 그리하여 퇴계는 매화와 강한 일치감을 느끼게 된다. 그 일치감은 상당히 은밀한 느낌을 준다. 향기와 그림자는 모두 정해진 형체가 없는 것이다. 정해진 형체가 있는 사물은 형체가 있는 만큼 상대방과 분리되고 구분되게 마련이다. 그런데 향기와 그림자는 그렇지 않으므로 내 몸속에 완전히 들어올 수 있다. 게다가 나는 그런 향기와 그림자를 밤에 혼자 누리고 있다. 밤이라는 시간을 배경으로 해서 일종의 '전일적(全一的) 관계'가 성립하고, 이런 관계 속에서 양자 간의 교감이 생긴 것이다. 이렇듯 매화와 퇴계의 일치감은 상당히 내밀한 정서를 자아낸다.

사실 매화에 대한 퇴계의 사랑은 유별난 바 있다. 한 가지 예를 들어 보면, 퇴계는 매화를 읊은 시만 따로 엮어서 『매화시첩』

(梅花詩帖)이라는 시집을 만들기까지 했다. 그뿐만이 아니다. 퇴계가 숨을 거두기 전에, 곁의 사람더러 화분의 매화에 물을 주라고 명했다는 일화는 매우 유명하다.

한편, 자연물에는 퇴계의 정신적 자세 내지 학자적인 모습이 투영되어 있기도 하다.

> 탁한 강물 넘실댈 젠 숨어 있더니
> 물결이 고요해지자 또렷이 보이누나.
> 이토록 치닫고 부딪는데도
> 천고(千古)의 억센 돌은 구르지 않네.
>
> ―「너럭바위」

이 시는 퇴계가 도산서당 주변의 시내에 있는 큰 바위를 보고 지은 작품이다. 이 바위는 탁한 물결이 넘실거릴 때 물속에 잠겨 있다가 물결이 고요해지면 나타난다. 바위의 이런 모습은 혼란스러운 세상에 섣불리 나서지 않고 시골로 물러나 학문을 연구하고 인재를 양성하면서 후일을 기약한 퇴계의 모습과 겹친다. 이 바위는 거센 물결에도 흔들리지 않고 굳건하게 자기 자리를 지키고 있다. 바위의 이런 모습은 세상 풍파에 흔들리지 않고 학자의 길을 걸어온 퇴계의 모습, 그리고 앞으로도 꿋꿋하게 그

길을 걸어가겠다는 퇴계의 다짐과 겹친다. 이렇게 퇴계의 학자적 모습과 정신적 자세가 자연물에 강하게 투영되어 있다.

4

퇴계는 학자이자 교육자이자 시인이다. 퇴계는 한평생 성리학 연구에 몰두한 학자이다. 퇴계는 제자들 각각의 문제점을 파악하고, 때로는 엄격하게 때로는 자상하게 그 문제점에 맞는 적절한 가르침을 베풀면서, 그들의 학문적 성장을 지켜본 교육자이다. 퇴계는 공부하면서 떠오른 생각이나 일상생활에서의 이런저런 감회, 자연 속에서의 흥취, 자연과 나눈 교감 등을 시로 표현한 시인이다. 어떤 사람이 훌륭한 학자라고 해서 그 사람이 곧 훌륭한 교육자가 되는 것은 아니다. 또 어떤 사람이 훌륭한 교육자라고 해서 그 사람이 곧 훌륭한 학자가 되는 것도 아니다. 어떤 학자에게는 시인으로서의 면모가 부족할 수 있고, 어떤 시인에게는 학자나 교육자로서의 면모가 부족할 수 있다. 그러나 퇴계에게는 이 세 가지 면모가 서로 모순되지도 않고, 그중에서 어느 한 가지만 일방적으로 우세하지도 않다. 퇴계는 성실한 학자임과 동시에, 자상한 교육자요, 감성이 풍부한 시인이었던 것이다. 그리하여 '지식의 축적'과 '실천'과 '정서 함양'이 복합적으로 상호 작용하여 '나'의 심성을 기르고, 그것이 '나'의 어떤 모습을 만들고, 그렇게 해서 만들어진 '나'가 다시 타인을 비롯하여 사회에 작용함으로써 풍부한 전인적 학문 세계가 이루어진 것이다.

이 책은 퇴계의 이런 풍부한 모습을 되도록 빠짐없이 보여주고자 했다. 하지만 아쉽게도 이 책에 미처 담지 못한 내용도 없지 않다. 예를 들어 퇴계의 본격적인 철학적 논변은 워낙 전문적이어서 이 책에 수록하지 않았다. 혹시 이 책을 읽고 나서 퇴계의 사상과 문학 전반에 대해 좀 더 알아보고 싶은 생각이 든다면, 이 책에 미처 수록하지 못한 퇴계의 다른 글들도 찾아 읽어 보기를 바란다.

그런 독자를 위해 퇴계학연구원에서 발행한 『국역 퇴계전서』와 한국정신문화연구원(지금의 한국학중앙연구원)에서 발행한 『국역 퇴계시』를 권한다.

역자도 이 책을 준비하는 과정에서 이 두 번역서를 참조했다. 그밖에도 역자는 정석태 선생의 『퇴계선생 연표 월일조록』(退溪先生年表月日條錄) 1~4(퇴계학연구원, 2001~2006)에서 많은 도움을 받았다. 이 자리를 빌려 이 사실을 밝혀 둔다.

5

　퇴계는 지금으로부터 대략 500년 전의 인물이다. 따라서 퇴계의 글을 읽는다는 것은 이 기나긴 시간을 뛰어넘어 그와 대화를 나눈다는 것을 의미한다. 사실, 전근대의 사상과 문학에 무관심한 것도 문제이지만, 그것이 마치 현대 문명을 구원해 줄 수 있는 유일한 대안이라도 되는 양 그것을 지나치게 이상화하는 것도 문제일 것이다. 그러나 설령 이런 문제점이 인정된다고 해도, 적어도 전근대의 사상과 문학이 현시대에 당연시되는 어떤 통념에 대해 의문을 품고 그와 다른 방향으로 생각을 잡아 나가는 계기가 될 수 있다는 점만큼은 부인하기 힘들다. 예를 들어, 퇴계가 말한 '공부'는 오늘날 흔히 떠올리게 되는 '공부'보다 훨씬 풍부한 의미를 함축하고 있다. 따라서 '공부'와 관련된 퇴계의 글들은 오늘날 통행되고 있는 학문론이나 진리관에 대해 근본적으로 반성하고 그와 다른 방향의 길을 모색하는 데 큰 도움이 될 수 있다. 바로 이 점, 즉 퇴계의 글이 미래에 대한 전망 속에서 읽힐 수 있다는 사실을 깨닫는 것이 중요하다고 본다. 퇴계의 글을 읽는 행위가 일종의 '가능성의 발견'이 될 수 있는 것이다. 독자 여러분이 퇴계와의 대화를 통해 퇴계와 함께 호흡할 수 있기를, 그럼으로써 어떤 새로운 가능성의 실마리를 발견할 수 있기를, 또 그럼으로써 현재와는 다른 새로운 미래를 꿈꿀 수 있기를 희망한다.

이황 연보

작품 원제

찾아보기

이황 연보

1501년(연산군 7), 1세 — 지금의 경상북도 안동시 도산면(陶山面) 온혜리(溫惠里) 남쪽 노송정(老松亭)에서 태어나다.

1502년(연산군 8), 2세 — 부친이 돌아가시다.

1519년(중종 14), 19세 — 기묘사화(己卯士禍)가 일어나다.

1521년(중종 16), 21세 — 허찬(許瓚)의 딸과 결혼하다.

1523년(중종 18), 23세 — 맏아들 준(寯)이 태어나다. 처음으로 서울의 성균관에 유학하다. 그곳 분위기에 실망하여 곧 돌아오다.

1527년(중종 22), 27세 — 음력 10월에 둘째 아들 채(寀)가 태어나다. 음력 11월에 허씨 부인이 세상을 뜨다.

1530년(중종 25), 30세 — 권질(權礩)의 딸과 재혼하다.

1533년(중종 28), 33세 — 음력 5월에 다시 서울에 올라가 성균관에서 공부하다. 대과(大科) 1차 시험에 합격하다.

1534년(중종 29), 34세 — 대과 2차 시험에 합격하다.

1537년(중종 32), 37세 — 모친이 돌아가시다.

1540년(중종 35), 40세 — 사간원(司諫院) 정언(正言)에 제수되어 다시 조정으로 돌아가다. 그후 승문원(承文院) 교검(校檢), 경연(經筵) 시독관(侍讀官) 등을 겸임하다. 음력 10월에 교리(校理)가 된 이후로 여러 차례 경연에 입대(入對)하다.

1541년(중종 36), 41세 — 음력 3월에 특별 휴가를 받아 한강 주변 독서당에서 공부에 전념하다. 음력 4월에 사헌부(司憲府) 지평(持平)이 되다.

1543년(중종 38), 43세 — 음력 2월에 병을 이유로 벼슬을 그만두다. 그후에도 여러 직위에 제수되었으나 모두 곧 사직하다. 음력 10월에 휴가를 받아 고향으로 돌아와 성묘하다. 음력 11월에 예빈시(禮賓寺) 부정(副正)에 제수되었으나 부임하지 않다. 벼슬에서 물러날 뜻을 굳히다.

1544년(중종 39, 인종 즉위), 44세 — 음력 2월에 홍문관(弘文館) 교리에 제수되어 서울에 올라가다. 그후 여러 직위에 제수되었으나 모두 곧 사직하다. 음력 7월에 압구정에서 독서하다. 음력 9월에 휴가를 받아 고향으로 돌아왔다가 다시 서울로 돌아가다. 음력 11월에 중종이 승하하자 명나라에 보내는 부고(訃告)와 시호(諡號)의 표문

(表文)을 짓다.

1545년(명종 즉위), 45세 — 을사사화(乙巳士禍)가 일어나다. 이기(李芑, 1476~1552)의 모함으로 관직을 삭탈당했다가 이원록(李元祿, 1514~1574) 등의 간청으로 복직하다.

1546년(명종 1), 46세 — 음력 2월에 휴가를 받아 고향으로 내려오다. 음력 5월에 병으로 인해 조정에 돌아가지 못하여 해임되다. 음력 7월에 부인 권씨가 세상을 뜨다. 음력 8월에 교서관(校書館) 교리에 제수되었으나 부임하지 않다. 가을에 지금의 안동시 도산면 가송리(佳松里) 고산(孤山) 일대를 유람하다. 음력 11월에 지금의 안동시 도산면 토계리(兎溪里) 하계마을에 양진암(養眞菴)이라는 암자를 짓다. '토계'라는 시내 이름을 '퇴계'로 고치고 그것을 자신의 호로 삼다.

1547년(명종 2), 47세 — 음력 9월에 홍문관 응교(應敎)에 제수되어 조정으로 돌아가다.

1548년(명종 3), 48세 — 음력 1월에 단양군수(丹陽郡守)로 부임하다. 음력 4월에 도담(島潭)을 유람하다. 음력 5월에 구담(龜潭) 일대를 구경하고 「단양의 산수」(원제 丹陽山水可遊者續記)를 짓다. 음력 10월에 풍기군수(豊基郡守)로 자리를 옮겨 음력 11월에 부임하다.

1549년(명종 4), 49세 — 음력 4월에 소백산을 유람하다. 「소백산에 다녀와서」(원제 遊小白山錄)를 짓다. 음력 9월에 사직서를 제출하고 고향으로 돌아오다. 음력 12월에 백운동서원(白雲洞書院)에 편액과 서적을 내려 줄 것을 조정에 요청하다. 이에 명종은 '소수서원'(紹修書院)이라는 편액과 여러 서적을 하사하다.

1550년(명종 5), 50세 — 음력 2월에 지금의 안동시 도산면 토계리 상계마을 서쪽에 한서암(寒栖菴)을 짓고 학문에 몰두하다. 음력 4월에 한서암 앞에 광영당(光影塘)이라는 연못을 파다.

1551년(명종 6), 51세 — 음력 3월에 한서암을 철거하고 같은 시내 동북쪽에 계상서당(溪上書堂)을 짓다. 도산서당을 완공한 뒤에도 주로 여기서 지냈으며, 이곳에서 임종했다.

1552년(명종 7), 52세 — 음력 4월에 홍문관 교리에 제수되어 서울로 올라가다. 음력 9

월에 「청량산에 관한 글을 읽고」(원제 周景遊淸凉山錄跋)를 짓다.

1555년(명종 10), 55세 — 병으로 세 번 사직서를 낸 끝에 벼슬을 그만두고 곧장 고향으로 내려오다.

1556년(명종 11), 56세 — 송나라 학자 주희(朱熹, 1130~1200)의 편지글을 뽑아 정리한 책 『주자서절요』(朱子書節要) 편찬을 음력 6월에 마치다. 음력 8월에 제자들에게 이 책을 강의하다.

1557년(명종 12), 57세 — 지금의 안동시 도산면 토계리 도산 남쪽에 서당 부지를 마련하여 착공하다. 음력 7월에 『계몽』(啓蒙)이라는 책의 해석서 『계몽전의』(啓蒙傳疑)를 완성하다.

1558년(명종 13), 58세 — 음력 5월에 자신의 편지글 중에서 자기반성에 도움이 되는 것을 뽑아 『자성록』(自省錄)이라는 책을 엮다. 벼슬에 제수되자 사직을 청했으나 임금이 허락하지 않아 어쩔 수 없이 서울로 올라가다. 음력 10월에 기대승(奇大升, 1527~1572)이 찾아오다.

1559년(명종 14), 59세 — 음력 2월에 휴가를 받고 고향으로 돌아오다. 음력 9월에 신체 단련에 대한 책 『고경중마방』(古鏡重磨方)을 엮다.

1560년(명종 15), 60세 — 도산서당 일대의 건물과 경관을 읊은 연작시를 짓다. 음력 11월에 기대승에게 답장을 보내다. 이로써 사단칠정(四端七情) 논쟁이 시작되다. 이 논쟁은 그 뒤로 근 8년간 계속된다. 같은 달에 도산서당의 일부가 완공되다.

1561년(명종 16), 61세 — 여름에 지금의 경상북도 상주 공검지 일대를 유람하는 등, 제자를 가르치는 틈틈이 산수를 유람하다. 음력 11월에 도산서당을 완공하다. 「도산에 사는 즐거움」(원제 陶山雜詠序 혹은 陶山記)을 짓다.

1563년(명종 18), 63세 — 성리학의 계통을 송나라 말엽부터 명나라 시대에 이르기까지 통시적으로 정리한 책 『송계원명 이학통록』(宋季元明理學通錄) 편찬을 마치다.

1565년(명종 20), 65세 — 「도산12곡」을 지은 취지를 설명한 글을 짓다.

1566년(명종 21), 66세 — 한사코 벼슬을 사양하여 조정으로 가지 않다. 이에 명종은 도

	산서당 일대를 그림으로 그리고 거기에 퇴계의 글을 적어 병풍으로 만들도록 명하다.
1568년(선조 1), 68세	— 심성 수양의 요체를 10개의 그림으로 정리한 「성학십도」(聖學十圖)를 지어 임금에게 올리다.
1569년(선조 2), 69세	— 음력 1월에 벼슬에서 물러나 고향으로 돌아오려 했으나 임금의 허락을 받지 못하다가 음력 3월에 허락을 받고 고향으로 돌아오다.
1570년(선조 3), 70세	— 도산서당에서 강의하다. 음력 12월 8일에 곁의 사람더러 매화 화분에 물을 주라고 명한 다음, 부축 받고 자리에서 일어나 평안하게 운명하다. 비석을 세우지 말고 검소하게 장사 지내라는 유언을 남기다.
1571년(선조 4), 서거 후 1년	— 지금의 안동시 도산면 토계리 하계마을 건지산 중턱에 안장되다.
1574년(선조 7), 서거 후 4년	— 도산서당 뒤에 서원이 건립되다.
1575년(선조 8), 서거 후 5년	— 서원이 낙성되자 선조가 '도산서원'이라는 편액을 하사하다.
1576년(선조 9), 서거 후 6년	— '문순'(文純)이라는 시호가 내려지다.
1600년(선조 33), 서거 후 30년	— 문집이 간행되다.
1610년(광해군 2), 서거 후 40년	— 음력 5월에 관학(館學) 및 팔도의 유생 등이 글을 올려 퇴계를 포함하여 김굉필(金宏弼, 1454~1504), 정여창(鄭汝昌, 1450~1504), 조광조(趙光祖, 1482~1519), 이언적(李彦迪, 1491~1553) 등 다섯 사람을 문묘(文廟)에 종사(從祀)하도록 청하다. 음력 9월에 선조의 묘정(廟庭)에 배향되다.

작품 원제

자연을 벗 삼아

- 꽃구경 —— 화자중한거 20영(和子中閒居二十詠) 중 상화(賞花) 019p
- 금강산 —— 금강산(金剛山) 020p
- 산수 사이를 거닐며 —— 마상(馬上) 021p
- 복사꽃 아래에서 —— 홍도화하 기김계진 2수(紅桃花下, 寄金季珍, 二首) 022p
- 맑은 연꽃 향기 —— 기정 10영(歧亭 十詠) 중 동우번하(凍雨飜荷) 023p
- 비바람 부는 밤 —— 야음 2절(夜吟 二絶) 024p
- 시내에 비친 조각달 —— 빙가음귀 영계월 2수(憑家飮歸, 詠溪月, 二首) 025p
- 대나무를 옮겨 심고 —— 이죽 차운강절고죽 8수(移竹, 次韻康節高竹, 八首) 중 첫 번째·두 번째 시 026p
- 눈 속의 대나무 —— 설죽가(雪竹歌) 028p
- 대나무 숲 맑은 바람 —— 한상사영숙 강서10경(韓上舍永叔, 江墅十景) 중 죽림청풍(竹林淸風) 030p
- 대나무 그림에 부쳐 —— 성산이자발 호휴수 색제신원량화십죽 10절(星山李子發, 號休叟, 索題申元亮畵十竹, 十絶) 중 풍죽(風竹), 노죽(露竹), 고죽(枯竹), 절죽(折竹) 031p
- 소나무를 심으며 —— 종송(種松) 034p
- 우리도 이 소나무처럼 —— 영송(詠松) 035p

매화와 함께 한 나날

- 매화를 찾아가니 —— 망호당심매(望湖堂尋梅) 039p
- 뜰 앞의 매화 —— 추회 11수 독왕매계화한시유감 잉용기운(秋懷十一首, 讀王梅溪和韓詩有感, 仍用其韻) 중 두 번째 시 040p
- 매화가지 꺾어 두고 —— 절매삽치안상(折梅揷置案上) 041p
- 거꾸로 핀 매화 —— 재방도산매 10절(再訪陶山梅, 十絶) 중 여덟 번째 시 042p
- 매화 소식을 듣고 —— 기사정월 문계당소매소식 서회 2수(己巳正月, 聞溪堂小梅消息, 書懷, 二首) 043p
- 매화에게 말하다 —— 한성우사 분매증답(漢城寓舍, 盆梅贈答) 044p

208

- 매화가 대답하다 —— 분매답(盆梅答) 045p
- 달밤의 매화 —— 도산월야 영매 6수(陶山月夜, 詠梅, 六首) 중 세 번째 시 046p

나의 일상, 나의 시

- 한가한 봄날에 —— 춘일한거 차노두6절구(春日閒居, 次老杜六絕句) 중 첫 번째·두 번째·세 번째 시 049p
- 봄날 —— 감춘(感春) 051p
- 이화정에서 비를 대하며 —— 동호이화정상대우(東湖梨花亭上對雨) 053p
- 불쌍한 겨울 나그네 —— 안곡역고한 민행려(安谷驛苦寒, 憫行旅) 054p
- 봄날 냇가에 나가 —— 춘일계상 2절(春日溪上 二絕) 055p
- 손님이 찾아와 —— 화자중한거 20영(和子中閒居二十詠) 중 대객(對客) 057p
- 문경새재를 넘으며 —— 조령도중(鳥嶺途中) 058p
- 비 개자 흥이 나서 —— 우청만흥(雨晴漫興) 059p
- 저물녘 거닐며 —— 만보(晚步) 060p
- 메내에서 —— 독유고산 지월명담 인병수순산이하 만저퇴계 매득승경 즉부일절 범9수 (獨遊孤山, 至月明潭, 因並水循山而下, 晚抵退溪, 每得勝境, 卽賦一絕, 凡九首) 중 미천장담(彌川長潭) 062p
- 세상맛 각별해지니 —— 차우인기시구화운 2수(次友人寄詩求和韻 二首) 중 두 번째 시 063p
- 큰바람 —— 유산서사 12수(遊山書事 十二首) 중 치풍(値風) 064p
- 초야의 즐거움 1 —— 화도집음주 20수(和陶集飮酒 二十首) 중 다섯 번째 시 065p
- 초야의 즐거움 2 —— 화도집음주 20수(和陶集飮酒 二十首) 중 여덟 번째 시 066p
- 초야의 즐거움 3 —— 화도집음주 20수(和陶集飮酒 二十首) 중 아홉 번째 시 067p
- 청음석 —— 청음석(淸吟石) 069p
- 도산12곡 —— 도산12곡(陶山十二曲) 070p

마음을 가라앉히고 세상을 보니

- 연못 1 —— 야지(野池) 085p

· 연못 2 —— 광영당(光影塘) 086p
· 백로 —— 제화8절(題畵八絶) 중 백로(白鷺) 087p
· 장회 여울 —— 자청풍소류이상 소과첩문명기승 잉용유공종룡운류자절구운 범득약간수(自淸風泝流而上, 所過輒問名紀勝, 仍用柳公從龍雲流字絶句韻, 凡得若干首) 중 장회탄(長會灘) 088p
· 꽃이 화려한들 —— 한거 차조사경목 구경서봉령 김순거팔원 권경수대기 상창수운(閒居, 次趙士敬穆, 具景瑞鳳齡, 金舜擧八元, 權景受大器, 相唱酬韻) 중 열 번째 시 089p
· 마음을 비우고 —— 차운김돈서(次韻金惇敍) 중 첫 번째 시 090p
· 사물을 보다 —— 임거 15영(林居 十五詠) 중 관물(觀物) 091p
· 한가로운 삶 —— 한거 차조사경목 구경서봉령 김순거팔원 권경수대기 상창수운(閒居, 次趙士敬穆, 具景瑞鳳齡, 金舜擧八元, 權景受大器, 相唱酬韻) 중 열일곱 번째 시 092p
· 독서 —— 독서여유산(讀書如遊山) 093p
· 『화담집』 뒤에 적다 —— 서서처사화담집후 3수(書徐處士花潭集後 三首) 중 두 번째 시 094p
· 자탄 —— 김이정출유도산유숙 명조견기3절 차운각기(金而精出遊陶山留宿, 明早見寄三絶, 次韻卻寄) 중 자탄(自歎) 095p
· 달을 보며 —— 김이정출유도산유숙 명조견기3절 차운각기(金而精出遊陶山留宿, 明早見寄三絶, 次韻卻寄) 중 천연완월(天淵玩月) 096p
· 너럭바위 —— 도산잡영(陶山雜詠) 중 반타석(盤陀石) 097p

참된 나에 이르는 길

· 자만심에 대한 경계 —— 여조사경(與趙士敬) 101p
· 자기 잘못을 고치는 용기 —— 답기명언 개본(答奇明彦 改本) 103p
· 지나친 자책 —— 답금문원 정사(答琴聞遠 丁巳) 104p
· 지나침의 병폐 —— 답김이정(答金而精) 106p
· 일상생활 속에 진리가 있다 1 —— 답이평숙(答李平叔) 107p
· 일상생활 속에 진리가 있다 2 —— 답정자중(答鄭子中) 110p

· 일상생활 속에 진리가 있다 3 ── 답정자중(答鄭子中) 111p
· 휴식의 중요성 ── 답이평숙(答李平叔) 113p
· 남을 평가할 때는 ── 답이상국준경(答李相國浚慶) 116p
· 한 수를 잘못 두면 ── 답박참판순(答朴參判淳) 118p
· 명성을 훔친다는 것 ── 답조건중(答曺楗仲) 120p

어떻게 공부할 것인가

· 배움을 권함 ── 권학문(勸學文) 125p
· 먼저 폭넓게 배우고 ── 답허미숙(答許美叔) 127p
· 진리를 탐구하는 방법 ── 답이숙헌 별지(答李叔獻 別紙) 128p
· 독서의 방법 ── 답기명언 후론(答奇明彦 後論) 130p
· 공평한 마음가짐 ── 답남시보(答南時甫) 134p
· 글을 읽을 때에는 ── 답우경선문목(答禹景善問目) 135p
· 조급한 마음의 병통 1 ── 답정자중(答鄭子中) 136p
· 조급한 마음의 병통 2 ── 답김돈서(答金惇敍) 138p
· 조급한 마음의 병통 3 ── 답이굉중(答李宏中) 139p
· 초지일관의 자세 ── 답김응순(答金應順) 141p
· 엄격하면서도 너그럽게 ── 답허미숙(答許美叔) 144p
· 푹 익어야 맛이 있다 ── 답이굉중(答李宏中) 145p
· 체험의 중요성 ── 답유이현 경오(答柳而見 庚午) 146p
· 학문을 하려는 젊은이에게 ── 답남시보 병진 별폭(答南時甫 丙辰 別幅) 147p
· 남의 의견을 수용하는 자세 ── 여노이재과회(與盧伊齋寡悔) 150p

산수 유람의 즐거움

· 도산에 사는 즐거움 ── 도산기(陶山記) 155p
· 청량산에 관한 글을 읽고 ── 주경유청량산록발(周景遊淸凉山錄跋) 162p
· 소백산에 다녀와서 ── 유소백산록(遊小白山錄) 164p
· 단양의 산수 ── 단양산수가유자속기(丹陽山水可遊者續記) 171p

찾아보기

ㄱ

가송리(佳松里) 62
가은봉(可隱峰) 176, 178
「가을에 우연히 짓다」(秋日偶成) 92
갈가마귀 60
갈매기 21, 74, 157
강릉 20
개 52
경서(經書) 162
경소(景昭) → 이문곡(李文谷)
경포대 20
계당(溪堂) → 계상서당(溪上書堂)
계상서당(溪上書堂) 43
계수나무 34
고산(孤山) 62
공검지(公儉池) 23
공부 101, 102, 104, 108, 110, 111,
   113~115, 127, 136, 138~142, 145,
   147, 157
공자(孔子) 113, 127, 161
공치규(孔稚圭) 162, 163
구담(龜潭) 171, 174, 175, 177, 178
구대천(龜臺川) 166
구봉(龜峰) 176, 177
국망봉(國望峰) 166
국화 25
군자(君子) 105, 130, 132
궁구(窮究) 128

글 105, 110, 113, 126, 127, 130, 135,
   138, 144, 145, 149, 163, 169
글공부 162
금강산(金剛山) 20
금난수(琴蘭秀) 105
기대승(奇大升) 103, 133
기정(岐亭) 23
김명원(金命元) 111, 143
김부륜(金富倫) 138
김이정(金而精) → 김취려(金就礪)
김일손(金馹孫) 177, 178
김취려(金就礪) 95, 96, 106, 140
꿩 58

ㄴ

낙동강 52
낙천(洛川) 156, 160
남명(南冥) → 조식(趙植)
남언경(南彦經) 134, 149
내매담(洒邁潭) 174
노수신(盧守愼) 152

ㄷ

다람쥐 49
단구(丹丘) 21
단구협(丹丘峽) 171, 174, 177, 178
단성(丹城) 54
단양(丹陽) 21, 88, 171

단풍 173
닭 49, 52
대〔竹〕 26, 28, 30, 31
도담(島潭) 167, 172, 177
도리(道理) 105, 132, 159
도리화(桃李花) 35
도산(陶山) 45, 155, 158~161
도산군(陶山郡) 85
도산면(陶山面) 62
도산서당(陶山書堂) 19, 42, 57, 74, 76, 95, 97
독서 93, 94, 130, 144, 156
동취병(東翠屛) 155, 156
동호(東湖) 53
두보(杜甫) 176
들사슴 49
등나무 175

| ㅁ |

마음 25, 101, 104~106, 110, 112, 114, 122, 128, 132, 134, 136~139, 141, 142, 144~149, 151, 156~158
망아지 51
망호당(望湖堂) 39
매 166
『매계집』(梅溪集) 110
매화 39~41, 43, 44, 46, 63
맹자(孟子) 127, 136, 161

메내〔彌川〕 62
명도(明道) → 정호(程顥)
목련 168
묘봉암(妙峰菴) 165
무위자연(無爲自然) 159
문경새재 58
문수산(文殊山) 166
민서경(閔筮卿) 164, 165
민응기(閔應祺) 156

| ㅂ |

박순(朴淳) 119
백련봉(白蓮峯) 169
백운대(白雲臺) 165
백운동(白雲洞) 164
백운동서원(白雲洞書院) 164
백학봉(白鶴峯) 169
버들 49
복사꽃 51
봉화(奉化) 146
봉황산(鳳凰山) 166
봉황새 28
불암(佛巖) 173

| ㅅ |

사림파(士林派) 119
사색 114, 144
사인암(舍人巖) 172

살구꽃 51

삼지탄(三智灘) 174

상주(尙州) 23

서경덕(徐敬德) 94, 134

서애(西厓) → 유성룡(柳成龍)

서울 22, 43, 44, 51, 52, 95, 111, 116, 146, 150, 152, 163, 166

서적 101, 136

서취병(西翠屛) 155

석름봉(石廩峰) 166

선비 32, 108, 118, 169

설마동(雪馬洞) 172

성균관(成均館) 52

성리학(性理學) 119, 136, 151

성인(聖人) 121

성현(聖賢) 94, 101, 103, 130~132

소나무 35

소백산(小白山) 164, 169, 170

소인배 105

소재(蘇齋) → 노수신(盧守愼)

솔바람 63

수양(修養) 65, 104, 108, 111, 159

「숙흥야매잠」(夙興夜寐箴) 113, 115

순천(順天) 152

『시경』(詩經) 75

신계숙(申啓叔) → 신옥(申沃)

신옥(申沃) 140

『심경』(心經) 101

심경지(沈慶之) 162, 163

심성(心性) 111, 159

| ㅇ |

안간교(安干橋) 165

안곡역(安谷驛) 54

안기(安奇) 116

안동(安東) 62, 85, 116, 140, 155, 162

안연(顔淵) 127, 160, 161

안자(顔子) → 안연(顔淵)

압구정(狎鷗亭) 61

앵두꽃 51

어약연비(魚躍鳶飛) 75

『여지승람』(輿地勝覽) 171, 172, 177, 178

『역전』(易傳) 150, 152

연곡(燕谷) 85

연구 130, 136, 139, 157

연좌봉(宴坐峯) 169

연평(延平) → 이동(李侗) 104, 136

영남(嶺南) 152, 169

영서(嶺西) 20

영주(榮州) 164, 169

영지산(靈芝山) 155

『예기』(禮記) 115

예안(禮安) 44, 58, 140, 162

오대산(五臺山) 166

오로봉(五老峰) 176

오얏꽃 51
옥순봉(玉筍峯) 175
온계(溫溪) 69
온혜리(溫惠里) 85
완락재(玩樂齋) 76
왕십붕(王十朋) 110
요순(堯舜) 125
욕심 105, 132, 138, 139, 148
용문산(龍門山) 166
우성전(禹性傳) 135
운영천광(雲影天光) 75
원적봉(圓寂峰) 165
원헌(原憲) 160, 161
월명담(月明潭) 61
월명봉(月明峰) 165
월악산(月嶽山) 166
유성룡(柳成龍) 146
율곡(栗谷) → 이이(李珥)
을사사화(乙巳士禍) 39
응청각(凝淸閣) 174
의령(宜寧) 120
의리(義理) 128, 130, 131, 142, 151
이덕홍(李德弘) 140, 145
이문곡(李文谷) 136
이빙(李憑) 25
「이요루 기문」(二樂樓記文) 177, 178
이우(李堣) 69
이이(李珥) 129

이준경(李浚慶) 117
이치 93, 107, 111, 112, 126, 139~142, 147~149
이함형(李咸亨) 109, 115
이화정(梨花亭) 53
임태수 → 임제광(林霽光)
임제광(林霽光) 169

| ㅈ |

자개봉(紫蓋峰) 166
자사(子思) 127
자하대(紫霞臺) 169
『장구』(章句) 151, 152
장림역(長林驛) 172
장회리(長會里) 88
장회 여울 88
적성산(赤城山) 175, 178
절강성(浙江省) 23
정 선생(程先生) → 정이(程頤)
정사룡(鄭士龍) 169
정유일(鄭惟一) 110, 112, 137
정이(程頤) 150
정호(程顥) 92, 102
제비 67, 85
조광조(趙光祖) 119
조목(趙穆) 102
조식(趙植) 122
종수(宗粹) 165, 167, 168

주경유(周景遊) → 주세붕(周世鵬)
주돈이(周敦頤)　91
주 선생(朱先生) → 주희(朱熹)
주세붕(周世鵬)　162, 163, 165, 167
『주역』(周易)　111, 141, 142
주옹(周顒)　163
주자(朱子) → 주희(朱熹)
주희(朱熹)　75, 103, 107, 114, 135, 140, 151
죽계(竹溪)　164, 166
죽암폭포(竹巖瀑布)　169
중용(中庸)　107
『중용』(中庸)　75, 140
진도(珍島)　152
진리　101, 107, 108, 127, 128, 146, 149, 151
진백(陳栢)　115
『집주』(集註)　151, 152

| ㅊ |

채운봉(彩雲峰)　175
책　111, 138, 142, 144, 148, 151, 156, 157
천석고황(泉石膏肓)　70
천엽매(千葉梅)　42
천운대(天雲臺)　76
철쭉　173
청량산(淸凉山)　140, 155, 159, 160, 162, 163, 166
「청량산에 노닌 기록」(遊淸凉山錄)　163
청음석　69
청주(淸州)　146
청풍(淸風)　174
취미헌(翠微軒)　85
치악산(雉岳山)　166

| ㅌ |

탁영공(濯纓公) → 김일손(金馹孫)
탁영담(濯纓潭)　156
탐구(探究)　112, 128, 130, 140, 141, 148, 149, 151
태백산(太白山)　166
태초(太初)　163
터득　104, 111, 112, 114, 127, 157
퇴계(退溪)　69, 156

| ㅍ |

팔공산(八公山)　166
풍기(豊基)　162~164, 169, 170

| ㅎ |

하상지(何尙之)　163
학(鶴)　21, 49, 52, 175
학가산(鶴駕山)　166
「학기」(學記)　113, 115
학문　101, 106, 108, 110, 112, 118,

122, 127, 132, 136, 138, 139, 142,
146, 148, 149

학자 102, 120, 142, 151, 169

한강 167

한매(寒梅) 43

한수(韓脩) 140

한양 28

한영숙(韓永叔) → 한수(韓脩)

함양(涵養) 113

항주(杭州) 23

해오라기 60

허균(許筠) 127

허봉(許篈) 127, 144

현학봉(玄鶴峰) 175

호음(湖陰) → 정사룡(鄭士龍)

홍인우(洪仁祐) 149

화담(花潭) → 서경덕(徐敬德)

『화담집』(花潭集) 94

화탄(花灘) 174, 175

훈구파(勳舊派) 119